我在

最簡潔有效的開悟指引

The Ultimate Medicine

Dialogues with a Realized Master

作者

室利·尼薩加達塔·馬哈拉吉
（Sri Nisargadatta Maharaj）

編輯整理

羅伯特·鮑威爾（Robert Powell）博士

譯者／**彭展**

所有的路都在幻相裡繞圈圈。
道路是知識領域內的創作，
因此，道路與活動無法將你導入實相，
它們的作用就是將你困在知識的層面，
而實相是超越知識的。

——室利．尼薩加達塔．馬哈拉吉

致謝

首先要感謝我的太太吉娜（Gina），她從自己繁忙的學術工作中抽出寶貴的時間，幫助我把錄音帶抄錄為可讀的英文文本，她的奉獻在我心中是無價的。而且我還要感恩她對我的鼓勵，給了我信心和動力來完成這項工作。

其次，我還想表達自己對於威拉德·詹森（Willard Johnson）教授的感激之情。威拉德·詹森教授任教於聖地牙哥州立大學（San Diego State University）宗教研究學系，他幫助我編輯完成了詞彙表（編按：本書將詞彙表的內容置於各章注釋中）。

羅伯特·鮑威爾

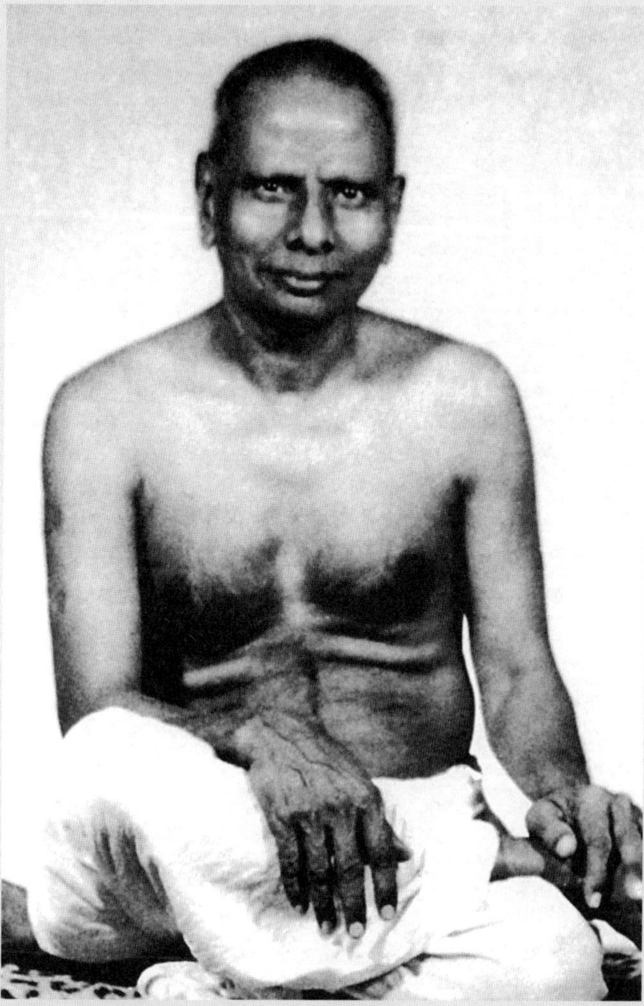

室利・尼薩加達塔・馬哈拉吉（Sri Nisargadatta Maharaj, 1897-1981）
Jozef Nauwelaters 攝　Jack 及 Diana Masson 提供

【關於作者】

了悟真我的智者——室利·尼薩加達塔·馬哈拉吉

帶領人們探索「我在」的導師

在孟買的一棟簡陋公寓中，一位求道者面對著室利·尼薩加達塔·馬哈拉吉（Sri Nisargadatta Maharaj, 1897-1981）這位印度的智者，他提出了心中的疑惑：「你是否能告訴我如何一步步地做，讓自己漸趨於證悟？」尼薩加達塔回答他：

只要你還認同於自己的身體，你就必然是困惑的。甚至連你提出的要做什麼的問題，其出發點依然是你與身體的連繫。作為一個個體，關心著這具身體：「我要做點什麼呢？」——這其實就是你的問題。只要你還認同於這具身體，你的困惑就會繼續。

如何解除認同身體的困惑呢？尼薩加達塔接著說：

沒有其他的練習需要做，……這份關於「你在」的認知，錯誤地認同於身體，所以你也就把自己當成一具身體。然而，你就是「真知」，要強化自己的信念——我是真知，我是「存在」，並不是一具身體。

「我在」（I am）是尼薩加達塔關注的核心主題，他認為我們所擁有的唯一一個能夠幫助自己解開生命之謎的工具，就是關於「我在」的真知。除此之外，絕無他物。

無疑地，尼薩加達塔是位極具天賦的導師，他的教導沒有縝密精緻的理論架構，也沒有善辯的機巧言詞，更沒有炫人耳目的神通妙法，他直接地闡述真理，帶領人從認知自己的「存在」開始，從認同於身體的囚牢中解放出來，一探真正自由的滋味。

早年的生活

一八九七年四月十七日，尼薩加達塔誕生於印度孟買，在六個孩子中排行老二。這一天也是印度史詩《羅摩衍那》（*Ramayana*）中的主人公猴神哈努曼（Hanuman）的聖誕日，哈努曼是風神（Marut）的兒子，虔信印度教的父母親於是便將他取名為「馬魯帝」（Maruti），全名為「馬魯帝．悉拉槃特．甘比利」（Maruti Sivrampant Kambli）。

馬魯帝最終採用「Nisargadatta」（尼薩加達塔）作為他的名字，梵語「nisarga」意指「本然地」（naturally），「datta」意指「給予」（given），「Nisargadatta」更廣義地是指「安住於本然狀態的人」。梵語「Maharaj」（馬哈拉吉）是意指「偉大的（靈性）國王」，是弟子們對他的尊稱；梵語「Sri」（室利）則是印度對人尊稱的頭銜用語。於是，世人皆稱他為「室利．尼薩加達塔．馬哈拉吉」。

一八九六年，尼薩加達塔一家搬到鄉下務農，於是他從小就必須幫忙看牛、趕車等田間農務。一九一五年父親過世，他便擔負起賺錢養家的責任。一九二〇年，廿三歲的尼薩加達塔回到孟買，起先擔任公司職員，後來成為一間擁有三、四十名員工的小型零售連鎖店的老闆，販售菸草和捲菸、餐具、服飾等雜貨，生意經營得有聲有色，陸續開了八家分店。一九二四年，尼薩加達塔與蘇瑪提唄（Sumatibai）結婚，兩人育有三女一男。

家境貧寒的尼薩加達塔，不曾受過任何正式的教育，但他從聽聞並觀察父親與其虔誠的婆羅門友人的談話中，接觸到了靈性的思想。三十七歲之前的他就如同一般人，賺錢養家餬口就耗盡了他泰半的人生。

修道與了悟

一九三三年，尼薩加達塔的人生有了重大的轉變，他聽從友人的建議拜訪了聖者室利・悉達拉姆斯瓦・馬哈拉吉（Sri Siddharamesvar Maharaj, 1888-1936），悉達拉姆斯瓦據說是十三世紀篤信濕婆的瑜伽行者喬羅迦陀神（Gorakhnatha）的化身，也是不二論「九師傳承」（梵Navnath Sampradaya。教導無上的哲理，直截且不二地了悟「絕對的存在覺知」）中Inchegeri支派的聖者。

當尼薩加達塔第三次拜訪悉達拉姆斯瓦時，他獲得了有關「冥想」的教導，正式地加入了「九師傳承」。他被授予一個咒語，開始精勤地持誦，在片刻之間，他的內在體驗到一種充滿各種色彩的耀眼光明，並進入三摩地（samadhi），完全地安止在與不二覺知合一的狀態。他後來敘述了一段悉達拉姆斯瓦給予他的簡短教導：

> 我的導師命令我只要注意「我在」的感覺，而別注意其他任何東西。我遵從他的教導，並未修習任何特別的呼吸或冥想的方法，也未研習經典。無論發生任何事情，我就只是把注意力從那兒移開，而保持在「我在」的感覺上。

爾後，尼薩加達塔成為悉達拉姆斯瓦的主要弟子，他完全服從導師（梵guru）的指示。由於他個人在性格上的極大轉變，甚至影響到他所有的員工也成為悉達拉姆斯瓦的弟子。在跟隨悉達拉姆斯瓦學習大約一年多之後，尼薩加達塔便被指派在很多的場合中給予大眾靈性的開示，他感動人心的不僅是關於靈性理智上的理解，還有他充滿睿智的關於真理的例證。

在那段日子裡，他會主動地向與他尋求靈性智慧的人談話，有些人也會帶著他們生病的親人來求助，他總是會送他們到街角的咖啡店，要他們去喝杯水，然後他們通常都會痊癒。悉達拉姆斯瓦知道後便阻止尼薩加達塔，因為他認為對靈性的覺醒而言，這些都是無有價值的。但是多年來，許多的奇蹟仍然持續地發生。

往後數年中，尼薩加達塔遵循其導師的教導將注意力專注於「我在」的感覺上，他利用所有空閒的時間於靜默中觀察自己，並停留在那個狀態裡，修習冥想以及唱誦祈禱歌。他常靜坐幾個小時，並經驗到「我自己、我的導師、我過的生活和我周圍的世界，這一切都消失了，只有平靜仍然存在，以及無限的靜默」，如此這般的境界。

度化生涯

在尼薩加達塔追隨悉達拉姆斯瓦的兩年半後，悉達拉姆斯瓦便去世了。一九三七年，尼薩加達塔離開孟買徒步到印度各地旅行，成為一名身無分文的遊行者。他參訪了許多神殿和聖地，經過這段八個月的朝聖旅程，他從「我」的迷夢中完全覺醒，於一九三八年回到孟買，並在那裡度過餘生。

一九四二年至一九四八年之間，尼薩加達塔失去了妻子和其中一位女兒。

一九五一年，他接受到來自悉達拉姆斯瓦所給予的內在啟示，開始度化人們。一九六六年，他退休後，在孟買簡陋的自家公寓內接見和教導來訪的人，一天兩次為大眾開示或唱誦祈禱歌。

一九七三年《我是那》（*I Am That*）出版，這使他的聲名更加遠播於國際。這本書是由莫里斯・弗雷德曼（Maurice Frydman）將他與弟子的談話，由馬拉地語（Marathi）翻譯成英語編輯而成，由於此書的問世，來自北美和歐洲的許多西方人，都不遠千里地來訪道求法。

經過長達四、五十年的度化生涯，一九八一年，尼薩加達塔因喉癌辭世，享年八十四歲。他所指出的這條了悟真我之路，至今仍指引著無數追求靈性的人們，探索「我在」的實相。

編輯部彙整

目次

（編按：本書注釋分為兩種，❶為原書注，①為譯注）

前言

室利・尼薩加達塔・馬哈拉吉（Sri Nisargadatta Maharaj）於一九八一年九月過世，我能夠在他去世前一年多的時間裡聆聽他的教誨，真的感到非常地榮幸。我的這趟朝聖之旅並非一時的心血來潮，其實在那之前，我已研習馬哈拉吉的教誨好幾年的時間。而且，就如同許多其他人的感受，我發現自己心裡有股無法抗拒的衝動，想要去到馬哈拉吉的身邊，與他共度一段美好時光。

我所遇見的馬哈拉吉，顯然是一個已經八十多歲的老頭。但他的能量與精力讓我吃驚，而更令我驚訝的是他對於分享真知的無盡熱情。我還注意到他對於那些一心求教、探尋真知者的歡迎和熱情；當然，對於那些炫耀自己的書本知識的人，或那些自以為是的人，馬哈拉吉這位老頭可是毫不客氣，有話直說，更不吝批評。

回首這些往事，在馬哈拉吉身邊的日子，點點滴滴，鮮明生動，恍若昨日。馬哈拉吉的格言警句，他那全然超脫的靈性智慧，成了我人生的指路明燈。我將永遠感激這位偉大的、樸素的、全然覺醒的靈魂，感謝他過去所給我的一切，感謝他今日仍在給予我的一切。

這本書中的對話，皆是從我與其他人和馬哈拉吉的談話錄音中，精心翻錄編輯而來。最近，有人在爭論哪部作品才算是最完美地反映了馬哈拉吉教導的精髓，因為很明顯地，自從《我是那》（*I Am That*）出版以來，在隨後的一些作品當中，考慮到馬哈拉吉的高齡和病情，他對於訪客的談話開始愈發地精練，而且不再像以往般那樣有耐性，他的這種教學風格的轉變，讓他的一些追隨者開始得出一些錯誤的結論。讓我來作個比喻，我的建議是，對於那些有志於領悟馬哈拉吉教誨的人，可以把深入學習《我是那》當成自己的主菜，然後把羅伯特．鮑威爾精心編輯、誠意奉獻的後期作品當成是佐餐紅酒。我注意到許多學習此類教導的人士，都以為只要聽聽理性的分析評論，再加上一點後續的思考，讓自己接受這些教誨，就可以自動證悟，這種認知可是與真理相隔十萬八千里呢！我認為，對於這些教導清晰且精細的理解，確實很重要，但這也只是第一步。在這之後，學員還必須反思這些教導的真意，看清它們與自己在日常生活中（哪怕他們一直在很努力地追求幸福和圓滿），不自覺地做出關於自己的種種假設（認定），是如何地相互牴觸，相互拆台。

最後的一步，也是最重要的一步，則是要一心一意地把這份智性的理解轉譯，並且運用到我們的「內在工作」（inner work）中，從而讓我們的行為和態度發生根本性的轉變；也就是說，把我們局限性的、小我定義的意識（consciousness），轉化成為無限的自由覺識（awareness）——萬物的自性（Self）。我相信這一點才是靈性解脫的核心。

我有很強烈的感覺，室利．尼薩加達塔．馬哈拉吉將會成為我們這個時代靈性天空中最為璀璨的一顆明星，愈發為萬眾矚目；儘管他並未接受過正規的學院教育，但任何真心探尋靈性奧秘的人，必然無法忽視這位天才大能的箴言與洞見。我還相信，他的教誨正是當今靈性時代的一帖解毒良方，將眾人從盛行狹隘偏私的個人崇拜和迷信中解放出來。我祈願羅伯特．鮑威爾先生的辛勤努力能夠令室利．尼薩加達塔．馬哈拉吉的智慧更為廣泛地流傳開來，並對他在此領域所呈現的優秀作品致上我誠摯的謝意。

彼得．馬迪爾（Peter Madill）**醫學博士**
塞巴斯托波（Sebastopol），加利福尼亞州

序言

這本書中的談話，大部分都發生在室利・尼薩加達塔・馬哈拉吉去世前一年的時間裡，因此，可以被當成是馬哈拉吉的最後教誨，就如那些記錄在《永恆的甘露》（*The Nectar of Immortality*）中的談話一般，當然，這個所謂的「最後」教誨有多種含意。

這些談話透露出馬哈拉吉的渴望，在他人生的最後日子裡，只教導最重要的課題，並且盡可能地深入。我們能夠從他的談話中聽出那種緊迫感，知道這位老先生想要好好地利用最後的時光，讓他殘存的精力發揮出最大的效用。所以，這讓他無法再慢悠悠地解答那些初學者的提問，在初階法則的闡釋上反覆地浪費時間，馬哈拉吉把那些東西稱為「靈性幼稚園」（kindergarten spirituality）。

有些讀者告訴我，他們在馬哈拉吉的早期作品中找出了一些前後不一致的地方。我對此的理解是，這些作品（談話紀錄）並不是一本本的靈性教科書；相反地，這些作品只是馬哈拉吉和許多人的私密聊天紀錄，而這些來訪者的背景各不相同，彼此間的靈性發展階段迥異，理解力也各自相去懸遠。馬哈拉吉是針對每一位訪客的特定需求和特定情境，來作出相應的回答。因此，某個人可能會被建議去作大量的冥想（梵dhyana；meditation）①，而更加高階的另一位學員則被告知根本無須冥想，甚至冥想實際上是無用的。

馬哈拉吉在語詞的選擇上也非常地靈活，以此來適應不同的語境。在科學和哲學領域，前後的絕對一致性當然是非常必要的，這也是科學家和哲學家們所努力追求的，但是在靈性的領域，這樣的一致性要求就顯得無知了，因為此處探討的問題遠比科學和哲學方面的問題更深邃、更精微。所以，一致性在此處並不是一個合適的方法論。因此，我對讀者們的建議是，以全像式的方式來接受這些材料，而不要緊抓著文字只作微觀的比較分析。一個人的敞開程度和接受性，在其靈性的進階中是至關重要的。

羅伯特・鮑威爾（Robert Powell）

拉荷亞（La Jolla），加利福尼亞州

二〇〇六年一月

①冥想（梵dhyana；meditation）一詞意指「持續地注意」，或指「將心專注於所選擇的對象上」。冥想所專注的對象如果是個物體，那麼就要客觀而無偏執地觀察那物體；如果是個概念，那麼就要針對那個概念的所有面向進行深度的冥思。在冥想的狀態中，只有「存在」的意識和所專注的對象存在於心。根據馬哈拉吉的教導，冥想是要專注在「我是真我」的信念上，而不是身體，如此才能達到解脫。

第一章　安住於「存在」中，所有的欲望都會消融

一九七九年一月一日

導師：那份真知慢慢地沉寂下來，它曾將自己顯化為克里希那（Krishna）①、佛陀或基督，但此刻它已悄然隱退，融入了整體（Whole）❷。如果你攻擊耶穌、穆罕默德或任何覺悟之人，他們都不會來問你：「你為什麼要攻擊我？」因為那份真知、那份體驗，已然融入了一體之境。同樣地，你可能是一個了不起的大人物，或是全球的大獨裁者，但當你睡著時，你會忘記你的名字、身體、年齡、性別和國籍，所有的一切。這種分離的個體感是非常局限性的，它並非真理；事實上，它全然是虛假的。所以，

---

①克里希那（Krishna）是毘濕奴（Vishnu）轉世的救主。

❷馬哈拉吉將顯相界看成是意識的時空顯化與表達。當這個意識轉向內在，轉向自身時，這些化身（梵avatar）將會反映出最高的洞悉（洞察力），馬哈拉吉稱其為「真知」（knowledge）。請參閱馬哈拉吉在第十章中的解說，他將一切皆看作真知。

當情形對於基督而言是如此時，對你而言又如何呢？

或者你可能是一個謙遜的人，堪稱美德的化身。但當你睡著時，你會忘記罪惡、美德，甚至忘了自己是誰。所以，基本的事實是什麼？就是當忘記自己是一個分裂個體或獨立個人時，你才能獲得深度休息。

在睡覺之前，你可能跟一百個女人或男人做愛，那時你還覺得挺享受的。但當你睡著且完全放鬆休息時，那份感官體驗就會消失，那時你不再有身分感，連身體的重量都感覺不到。別再宣稱自己是如此這般的人，或是個個體，或是個男人（女人），只是安安靜靜地待著，然後從這份安靜之中，你方能深入自己的內在。這是真的，這是事實，從安靜中你可以走入實相。然後，你就可以見證到顯相界的一切，自然地生起、消退，就如日出日落、月盈月缺。這些生生滅滅的顯相不可能是你，它不可能是真正的你。❸

當你還有著某種個體感、個人感或分離感時，你會有諸多需求。你想要看場電影，想要聽音樂，想要玩樂，想做愛，想吃美食，想要喝點酒，但當分離感消失時，當你與整體合一時，這些你一個都不會想要。靈性科學或所謂的「宗教」，其實主要是想幫助你們瞭解這一點：你什麼都不需要，你是整體或實相的一部分。當你了悟這一點，就什麼都不需要了。但只要你還覺得自己是一個分離的個體，你之所需、你之所欲就會無窮無盡。

你把自己看作是一個分離的個體，這成為了一切問題之源。所有的這些事情，所有的感官之欲，所有的閱讀，以及對知識的探尋，對享樂的追尋，全都跟這個分離感緊密相連。一旦分離感消失，所有的問題也都會隨之消失。那時，你所體驗到的喜樂才是真正的喜樂。話說回來，前面所說的這一切並不是要禁止你的行為，你可以隨心所欲，只是千萬別忘記實相，別忘記你真正是誰。你不是這具身體，不是這些食物，也不是生命元氣（梵prana；vital breath）❹。所有的顯相都只是個狀態，均非永恆，且終有消失的一天。

你們大部分人都聽不懂我在此所說的話，因為你們認為自己就是一具身體。我在此所傳遞的真理不是講給身體聽的，我根本就不把你們當成是身體性的存有，也未把你們當成各個不同的人。

只要你還堅信自己是一具身體，那麼，我在此所講的話對你不會有任何作用。因為無論我們汲取何種知識，都是站在「身體—心智」（body-mind）的角度來汲取的，而這些知識會使我們現有的知識儲備更加豐富，於是我們會覺得自己的學識更淵博了。例如，明天某個占星師或看手相的算命師來告訴我：「我想幫你預測一下你的未來。」如果我根本就不存在，他又怎麼可能預測我的未來？如果他告訴你：「你會成為美國總統」，這消息可能會讓你著實高興一陣子。但對我而言，情形並非如此。

許多書籍裡，都在談論神。是否有人說過神長得是什麼樣子？神究竟是什麼樣子？他是否有形狀或屬性？一個有屬性的神依然受制於時間。一旦時間終止，他的有

❸你之所是，必為永恆，而這些轉瞬即逝之物，不可能真的是你。

❹生命元氣（梵prana；vital breath）：也指「生命能量」（vital force）。

關神的知識也就消失了。就如把一個乞丐裝扮成國王，當這套國王的衣服穿在他身上時，他可能真的會覺得自己是國王，然而脫下這身衣服，他知道自己只是個乞丐。

當我們談論神時，我們還是在談神的屬性——愛、無處不在、無所不知等。但這些依然都受時間限制。當這些經驗都消散時，還能有什麼留下呢？是的，任何有屬性之物皆不可能永存，這一點對我而言是很明顯的。所以，我能為自己要求些什麼呢？

無論什麼行為存於此世間，皆是緣於屬性與習性。例如，某人一個月內四度結婚、離婚。這些行為是由習性和特質當中所產生的，然而，見證此行為者卻超越了屬性。見證者即「我在」（I am，我存在），當他消散時，還有什麼留下來？當見證者消失時，其他事物也一併跟著消失了。同樣地，當「我在」生起時，整個顯相界也出現了；「我在」與顯相界無有分離，它們是一體的。「我在」即見證者，整個顯相界因之而生。

這一切顯相背後的動力就是習性或屬性，或可稱之為「幻相」（梵maya）❺。就如太陽和陽光，如果太陽未顯，則陽光亦未顯；同樣地，如果見證者不存在，顯相或幻相也會不存在。當「我在」生起之時，萬物顯現紛紜；當「我在」消散時，萬物消散。這就是我試圖要告訴你的，但你卻想聽點別的東西。你想聽人給你算命，預測你的未來，然而命運和未來都只是顯相界的一部分，而我想要打擊的正是這顯相界本身。

你從早上五點半起就一直和我待在一起，工作、交談，忙個不停。但我卻從來不會把自己視作與你有所不同的智者（梵jnani）❻。另一方面，我也未曾忘懷多年前的那個小孩。從現在算起應該是八十二年前了，我曾有過那幼兒的知識，那是不完備的知識，誕生於一念無明——我出生於此世間。在三歲之前，我什麼都不懂；三歲以後，我被母親的話語打動，如你所知，概念生起來了，於是林林總總的事情也都隨之生起。現在看來，這個幻相源於八十二年前，它一直在歌唱。幻相生起，幻相消退，它周而復始、盈虧消長。再過上一段時間，這份幼兒的、不完備的且建立於無明上的知識……這份源起於八十二年前的體驗（我們還是別把它稱為「身分」吧），也將會消散、枯萎。

那份「我在」其實只是一個聲明，它並非真實的，是源於某種別的事物。而真實的，我卻無法告訴你，因為語言本身與之相悖。無論我告訴你什麼，都不可能是真實（真理），因為這些話語全都來自於「我在」。事實是，我無法向你描述實相，我無法解釋它，因為它超越了所有的描述。從實相中，萬物流出；然而，每次無論我說什麼，我都知道它應當被否定，「不是這個，不是那個」（梵neti-neti：not this, not that）❼……那就是我的體驗。更進一步地來說，我也沒有見過神，沒有見過任何事物。但是關於我自己的體驗，我則相當肯定，這就是我正在告訴你的，絕非引用任何人所說，我不過是在分享自己的體驗罷了！

正是因為有了這個「食物—身體」（food-body），有了這塊麵包，「我在之感」（I-am-ness）於是生了起來。因為這份「我在之感」是依賴於身體的，所以它是無

❺幻相（梵maya）：基本幻相，特指與身體認同的原初幻相；顯化的動態法則。
❻智者（梵jnani）：了知者（knower）；聖人；了悟真我的覺悟者。
❼「不是這個，不是那個」（梵neti-neti：not this, not that）：全然否認。參見《奧義書》（*Upanishads*）。

明；因而無法永存，與之相伴的知識也無法永存，它們只不過是這個「食物—身體」的一種功能罷了！只要這個「食物—身體」還在，這份「我在之感」就會繼續存在。因此，它終有一日會消失。

如前所述，那同樣的幼兒知識，那份「我在之感」依然存在。回首往昔，那份「我在之感」曾經出現在那個幼兒身上，正如它出現在今天的我身上。但由於幻相之故，不斷地有變化發生，情境一直在變化，但「我在之感」依然延續。它會延續多久呢？只要「食物—身體」還在，它就會一直延續。而當「食物—身體」被生命元氣放棄之時，這份「我在之感」也就終結了。所以，「我在之感」並非永恆的，意識也並非永恆的。

我們的首相先生對於他自己有著一些根深柢固的信念，並且他還緊緊地抱持著某些概念。他根本不想改變它們——關於上帝的信念等等。我們人類總是持有如此多敝帚自珍的觀念和先入為主的概念，當我們遇到某些想法和我們一致的人時，我們就會認同他；反之，我們會反對他。同樣地，那些宣稱自己已證入「絕對」（Absolute）之境的智者，其實是處於「存在」（Beingness）的狀態。他們被大眾奉為聖人，他們喜歡某些理念、某些概念，而且想要傳播這些概念，但他們傳播的只不過是「概念」而已。概念並非真理，真理的狀態超越了所有的概念。

你拿著一顆榕樹的種子，這顆種子非常小，比芥籽還細小；這顆種子非常地精微，然而所有粗重的物質（榕樹）已然含括其中。你是否有發現此處的悖論？同樣地，你的本質存有是極其精微的，然而整個宇宙都含括其中。另外還有一點，當你說「種子」時，你真正想要表達何意？種子（梵bija）意指「第二次創造」（second creation），它意味著過去正在被重複。它曾經是一棵大樹，這棵樹被濃縮在這粒種子裡；這粒種子再度創造出它所內含的過去歷史。

求道者：「我在」即在種子裡。此刻，若某人覺知到「我在」，覺知到即將成為「絕對」的種子……

導師：你就是種子本身，你就是「我在」。你甚至無法用語言來掌握它，那內在的核心——阿特曼（梵atman；self；真我），其內含藏著什麼？所有的一切（英文版編按：馬哈拉吉此處大概是指整個顯相界）都在那顆種子裡！

求道者：馬哈拉吉曾說內在的核心是「光明」（light）。

導師：不是的，「光明」一詞在此處是象徵性的用法，而非我們室內的光線……它意指「真我之光」（梵atma-jyoti；Self-luminous）。

一切皆是真理——「絕對」。從你的存在當中，生出了這個「梵」（梵Brahman）❽。與此「梵」相關的一切皆是幻相，由無明中生出，因為你的存在，在「絕對」的眼中看來，不過是無明而已。再次地，從無明中，這份存在感建立萬物，整個顯相界都由

---

❽「梵」（梵Brahman）：至高無上的存在（Supreme Being）；「絕對」（the Absolute）；究竟實相（Utimate Reality）。

它投射呈現。從「絕對」當中，存在顯現；從存在當中，幻相顯現，然後幻相遮蔽了真理。

求道者：那麼，我們應當如何扭轉這一進程呢？

導師：後退，後退。獅子無論走到哪裡，都會回頭照看自己的身後。就如獅子一般，回頭看，回到源頭——種子。

當你追求靈性的道路——了悟真我（梵atman；self）之路，你所有的欲望、執著，會逐步地消失，當然前提條件是你要一直堅定地探尋下去，一直抓住理解真我的工具不放。然後，會發生什麼？你的「我在之感」即是「存在」（to be）的狀態，你是「存在」並執著於那個狀態，你熱愛「存在」。現在，正如我先前所說，在追尋真我的道路上，你的欲望會逐漸消退。而最核心的欲望是什麼？「存在」。當你安安靜靜地待在那份存在感當中一段時間之後，這份存在的欲望也會消退，這一點非常重要。當這份最後的欲望消退時，你就進入了「絕對」——最本質的狀態。

求道者：那正是我們今天的切身體驗。在那種感覺當中有一絲悲傷，當然，對於「絕對」也有更多的了悟。

導師：悲傷，那是因為「我在之感」在悲傷。（笑聲）

求道者：你知道「存在」的感覺，但你正在朝向「非存在」（non-Being）。你知道存在之物千千萬，但你同時明白它們其實根本毫無意義。但這一切都很有趣，因為當其持續時，構成了一個偉大的幻境。

導師：你的真實狀態，安安靜靜地待在裡面。它永遠都在那裡，保持著本自具足的純淨狀態，從來不受任何打擾。只是那份「我在之感」的意識，不斷有意識地從「絕對」中撤離。那個真正的「你」……只存在於當下，如如不動，永遠不會離開自己。世間上演得方興未艾的一幕幕，面對真正的你，只好偃旗息鼓，銷聲匿跡。

求道者：您能說得更清楚一點嗎？

導師：是的，當你處於意識的層面，你會理解意識的本質，然後你不斷地後退⑨。這個過程會持續，意識也將逐步地消滅它自己，你見證著意識逐漸煙消雲散，灰飛煙滅。但沒有任何東西能影響到你，因為你就是「絕對」。這就猶如火焰熄滅，煙塵散盡，而藍天依舊。

求道者：好美啊！

⑨「後退」意指撤銷你對世間萬物的認同。

導師：那就是寂滅之「梵」——寂滅的時刻。觀照發生了，生命元氣正在離開身體，「我在之感」正在撤離、消失。那是最偉大的時刻、永生的時刻。

身體、火焰、「我在之感」在那裡，它的運轉在那裡，而我在觀察這一切。然後它消失了，生命元氣完全遺棄身體，火焰熄滅了。你會觀察到這一切，這份觀察明明白白地向你呈現。無知的人在死亡的時刻非常地驚恐，他不斷地掙扎；然而，智者卻不會如此。對智者而言，死亡是最幸福的時刻，是充滿至福的時刻。

但事實上，現在的你正在四處參方，不斷地拜訪道場和聖人，以你作為一個「個體」（individual）的能力來不斷地汲取知識。不要再這樣做了！去超越它。如此這般地增加知識，對你並無真正的助益，因為這一切都發生在夢裡。而這個夢會不斷地重複它自己，以人身的形式，以許許多多其他身體的形式，以動物或神的形式，以任何形式來重複。所以，這一切的努力都無關緊要。試著理解我在此所說的真意，那才是唯一的答案，能夠引領你走向彼岸。

你我之間是一種什麼關係？我不在乎你是否來此，或是否聆聽我說話。但如果你找到我話中的真意，就取走它；如果你不想要它，就請離開。這間屋子裡的空間，不會和另一間屋子裡的空間談戀愛，也不會與之為敵，空間本是一體。同樣地，我也完全不受你的影響。

我的談話所傳遞的真知就猶如一條小溪、一條河流。如果你想要飲用它，請盡情地取用，然後消化吸收。讓它靜靜地流淌，我不收你一分錢。你每天都在花費許多錢，來吧！收好你的錢，取走我的水。

同樣地，當我在談及真理時，我將你帶到真理之泉的源頭。在那裡，真理之水此刻宛若涓涓細流，而這細流會逐漸變成小河、長江，並最終成為大海。我一次又一次地將你帶到源頭。

一旦真的抵達源頭，你將會發現其實根本就沒有水。水不過是味道，是關於「我在」的消息而已。

這個「身體—心智」是從淘氣的惡作劇中創造的。所以，每次我都說別從「身體—心智」意識的角度來提問，因為當如此做時，你是從惡作劇的角度發問。所以，別再問這些惡作劇般的問題了。

當你聽完我的話，並理解其中的真意，就把信心專注於「你就是那」——你就是整體。然後，由此信心、專注、整體當中，無盡的祝福會降臨於你。

你成為「大你」（mahayu(k)：a great "you"）❿：也就是說，你融入了真正的自己，與你的真我合一。只有一個原則，那個原則就是「你在」（you are，你存在）。因為「你在」，所以一切皆「在」（存在）。請牢牢地記住這一點。

你的目標是什麼？你是否真的想要我所談到的東西？你已經聽見了我說的話，現在是時候依此而行，並據此而活了。

你總是沉溺在世間的活動中。現在，每次睡覺前，忘掉世間的一切，專注於沉思

❿大你（mahayu(k)：a great "you"）：即指與真我合一者。「mahayu(k)」是個文字遊戲，因為梵語「maha」意指「大」；「mahayu(k)」即是「大你」（偉大的你）。

實相吧！因為我們都可以掙脫紅塵的牽絆。還有一件事，就是不用四處拜山門了。在我看來，你們大部分人就是都在忙著拜山門，四處尋求知識的累積，但這樣做其實是毫無意義的。把我在此說的話帶走一句，安住於其中吧！這就夠了，它足以引領你回到你的源頭。

我所說的話，作為真知的種子，若是在你心中生根發芽，將能移除所有其他的言語和概念。為了達成此目的，讓我來告訴你一則故事吧！有個人把另外一人帶到旅館，請他吃了一些東西。等他吃完之後才告訴他：「我在食物中下了毒，你半年後必死無疑。」那人聞言大驚失色。他離開旅館後遇見另外一位朋友，並告訴他自己的遭遇。他的朋友說：「別擔心，你看這杯子裡裝滿了尿，來吧！喝了它你就不會死了。」結果這人真的就喝了尿。然後，他果然沒死。所以，伴隨著第一個概念——「我中毒已深」，這人充滿恐懼並且相信自己半年後必死無疑。然後，第二個人又給了他另一個概念——「我不會死去」，結果他真的無恙，超越了死亡。

生命和生命元氣的屬性之一，就是一遍遍地不斷獲取概念、觀念與創造物。誰會明白這一點？只有親身追尋過的人方能明白。只有你親身追尋過後，你才會領悟到這一切。

你的「存在」是一切幸福之源，所以安住於你的「存在」，和你的「存在」在一起。但如果讓自己捲入了洪流之中，你就會受苦。你知道什麼是洪流嗎？所有的幻相（活動）就是洪流。你想要從行動中找尋幸福，這本身就是一種病態的追尋。好好地沉思我告訴你的話，反覆咀嚼它，保持寂靜、如如不動的狀態，如此你方能入於寂靜。

正如你的手有五根手指頭，你的身體也是由五種元素⓫所構成，你可以非常清晰地了知這一點。正因為這五種元素相互調和，你的身體才能成形。生命元氣在你的身體裡周而復始，它會引發多種表現形式，其中最為本質的一種即為你的「存在」——你的意識。當意識消失時，或當生命元氣遺棄身體時，一切都會隨之煙消雲散。這一點對你而言，應當是很清晰的。正如火焰的存在有賴於化學成分的支撐（他指著自己的打火機），每樣東西的呈現也有賴於這個食物的存在。所以你會瞭解你的「我在之感」或意識能夠存在，皆有賴於這具「食物—身體」，有賴於生命元氣。而你也將能觀照到所有的這些元素——你的身體、生命元氣、你的「存在」。當你處在觀照這一切的立場上時，你就是扎根於實相中了。

一個人要想根除自己的習慣是非常困難的。一旦習慣成型，你得花費很大的工夫和很長的時間，才能從中脫身。同樣地，你已經開始在了悟真知，然而它能帶給你的東西，你暫時還無法領會。因為你已經與「身體—心智」打交道許多年了，想要從這份習慣中脫身可謂任重而道遠。但為了讓你能扎根於真知中，沉思和冥想真知就成了必不可少的過程。你若想要扎根於真知，你就必須戒掉自己長期以來所養成的習慣，並以新習慣取而代之。取而代之的是何種新習慣呢？就是不斷地記起：「我不是一具身體」。

例如，如果你跟某人吵架，此時你應當清晰地觀照並瞭解，是你的心智引發了一

⓫根據印度哲學，地、水、火、風、空間五種元素是建構整個物質宇宙的基本材料。

場爭吵，而你卻只是這場爭吵的見證者而已。如果你不參與其中，那麼爭吵是否存在已經無關緊要了。所有的世間行為都是經由心智而發生的，如果你認為「我在這『身體──心智』」，那麼你就注定會倒楣了。

當你完全與「梵」合一時，你不會訴諸於心智。所以，合一之時無有音聲，你根本無法言語；你只是靜靜地待著，保持靜默。而為了說話，你就不得不利用心智這項工具。所以說話時，你必須稍微地和「梵」保持一點距離，如此談話方能進行。

第二章　由五種元素中生起的一切，皆是純粹的無知

一九八〇年三月二十八日

導師：一切有情眾生中的「我在」認知都是同一個，無論是昆蟲、爬蟲或人類，甚或最高種類的存有——化身（梵avatar；incarnation），莫不如是。無論其具體依附的生命形態何其不同，這份基本的「我在」意識皆是相同的。然而，為了彰顯自身，意識需要一個基礎——一個供意識據以顯現的特定構造。這個基礎可以是任何事物、任何形態，然而意識的顯現，不可能持續超過這一特定形態的存在時間。另一方面，除非意識顯現，否則任何種類的知識都不可能存在。總而言之，知識有賴於意識，而意識則需要一個物質的母體（physical matrix）或形相作為其支撐。

再者，我們還必須考慮到語詞的重要性。念頭由生命元氣中生起，並將自己表達為語詞。若無語詞，世間任何的溝通交流都不可能進行。事實上，若無語詞，世間根本不可能有任何的活動，不可能有任何的「忙碌」（說到這一點，若是沒有語詞，人

們根本無法成天忙碌地做生意）。世間的日常運作，必須歸功於語詞與名稱。如果沒有名稱，則人們將無以表徵。所以，語詞與名稱是極其重要的。

於是人們開始忙著給萬物命名；一切「事物」，但凡有可能，都為它加上一個名字，甚至連神都必須有名號。而且，反覆念誦神的名號，功效非凡。在人早期的靈性發展階段，反覆念誦神的名號，功能強大，成效卓著，遠勝其他所有的方法或靈修（梵sadhana；spiritual practice）。

這個意識的產生並無特別的原因，所以，我們無法解釋這個種子——意識或「我在」的認知——如何生起。然而，一旦意識或「我在」出現，它就無法靜止不動，也就是說，意識等同於「運動」（movement）。所有的運動都是經由三德（梵gunas，屬性）❶而發生的，而三德則是「我在」認知當中所固有的。這份意識不斷地「哼唱」（馬哈拉吉此處引用馬拉地語〔Marathi〕：「gun-gun」），並將自己通過三德表達出來。三德之運作與形態相關，而此形態又取決於特定的食物，所有的行為舉止都是經由三德之排列組合所致。

當人們第一次來到此地時，我總是告訴他們，他們來此的目的究竟是想要炫耀自己的知識，或是想把我拖入爭論當中。我覺知到這一點，而且我更加強烈地覺知到，這些人其實根本不知道自己究竟在說什麼，我稱之為「純粹的無知」（pure ignorance）。正是有鑑於此，我才會說「別問任何問題，也別試著展開討論，先靜靜地聽講，直到你聆聽上一陣子並至少吸收一些內容之後，你才可以開始提問」。

我為什麼知道你是全然地無知？從我的經驗而來。任何嬰兒都必須花費一年、一年零三個月或一年半的時間，才能學會說出他人生的第一個單詞。那個單詞或許毫無意義，但通過將它說出來，會發生什麼事？再次地，我使用「哼唱」（gun-gun）這個詞，某種內在的進程渴望被表達出來，例如念頭、奇怪的語詞，無論那是什麼，它都渴望被表達，而且它真的被表達了出來。現在，讓我們來看看，這一切發生其背後的根源在哪裡？表達者在哪裡？只有包括人類的動物才能發出這些語音。這些語音及其發聲依然是「我在」之知的一部分，「我在」之感存於這些言語音聲的核心部分。這份「哼唱」從屬於「我在」的認知，後者甚至囊括了發音者的物理形相。那個「哼唱」的實體，連同「我在」的認知，以及哼唱者的物理形相，這一大捆東西都是從五種元素中創造出來的。所以迄今為止，這整件事可謂是全然機械地發生，因此純屬無知。

有的人會宣稱「我前世是如此這般的」，他們怎麼知道自己的前世？他們只可能是源於五種元素。而在五種元素被創造出來之前，所謂「前世」的知識根本就不可能存在。因此，這些說法全是無稽之談，全是垃圾。

有許多哈達瑜伽師（梵Hatha-yogi）的能力非凡，而我自己就是這些哈達瑜伽師中最為傑出的，但我會區分哈達瑜伽（梵Hatha Yoga）②與哈達（梵Hatha）。「哈達」意為「堅持」（insistence）或「堅持不懈」（persistence）。如你所見，我是堅持

❶依據印度教教義，三德（梵gunas）包含純質（梵sattva：純淨、純潔、和諧）、躁動（梵rajas：激情、能量、活動）、怠惰（梵tamas：惰性、阻抗、黑暗，宣稱擁有作者權），是為建構與操控世界進程的基本性質或屬性。馬哈拉吉也常廣義地使用該詞，泛指基本屬性和存在之感。

②哈達瑜伽（梵Hatha Yoga）是以肢體鍛鍊為主的一種瑜伽行法，是現代風靡世界的各種瑜伽體位法的源頭。

不懈的。但我在堅持什麼呢？我不知道自己會出生，我是如何出生的？對於這個問題我堅持不懈地想要找到答案，我必須知道這一點。當我被告知「純質」（梵sattva）❸時，什麼是「純質」？「純質」是五種元素的精華。在這份精華（精華露）中，含藏著「我在」的認知，但所有的這一切依然是關於五種元素的。那麼，這一切是怎樣形成的呢？我的導師（梵guru）告訴我整個故事的始末，我因而知道這一切不過是無知而已，而且我通過自己的經驗了知，所有人都起始於無知。所以，無論發生什麼，都不過是無知罷了！我們只是無知而已，這就是我的導師告訴我的。

我的導師進一步向我指出一個事實，你所擁有的唯一一個能夠幫助你解開生命之謎的工具，就是關於「我在」的真知。除此之外，絕無他物。所以，我牢牢地把握住了這一點，正如導師建議我做的那樣，然後我試圖發現心靈層面的「我」，是如何在我不知情的情況下產生。再次地，我發現那仍是五種元素所產生的結果。因此，我再重複一遍，我從個人經驗的角度了知，如果任何人覺得自己擁有或具備某種特殊性，那不過是純粹的無知而已。

哪怕這具身體能夠千年不壞，在此千年之中與此身體相關的所有經驗，都是奠基於「我在之感」的，而後者是基於時間的，並且是五種元素的產物，所以，它對我而言毫無用處。在我無形無相、超越時空的「純然存在」（pure Beingness）❹之上，「我在」之知生起，而且它也是無形無相的。因此，它所呈現出來的也不過是個幻相。

聰明人（非常聰明的人們）來此跟我提問，而我也回答他們的問題。結果發生了什麼？他們根本不接受我給出的答案。為什麼？因為他們的提問都是出自於認同「身體—心智」的角度，而我的回答卻不是來自認同「身體—心智」的角度。⑤所以，他們如何能理解我呢？我的答案與他們的問題怎麼可能相應呢？

是誰在提問？提問的人們統統把自己看作是存在於此時空當中，將他們物質身體的出生之日當作出發點，所以，總是從「身體—心智」的角度來提問。然而，這個角度是虛妄的，他們對自己保持的這種信念不過是其想像力的產物，不過是一堆記憶、習慣和妄想罷了！他們將之當作真理，然而它不過只是純粹的無知罷了！在實相中毫無意義。你為自己的生日賦予太多的重要性，因為那一天你有了一具身體，並從此以後一直把自己當成是那具身體。

它在那具身體成形之前已然存在，於身體和元素消失之後依然存在，並且只有它存在。在你身體消失之前，在你人生的最後一日，甚至你對於這一生的記憶都會消失。所以，在你身體形成之後、消失之前那段歲月裡所發生的一切，不過是一束記憶而已；無論你在那段時光裡積聚了什麼，不過是些娛樂而已。所有的那些都只是記憶，而且一切都會消失。如果你確切地理解了我說的話，並正確地接受，你將不會在意身體的去留。

❸純質（梵sattva）：意識；「存在」種子；清澈、純淨、和諧，是三德之一。

❹在另外類似的語境中，馬哈拉吉採用的術語是「絕對」（the Absolute）。總而言之，馬哈拉吉無論是採用術語「純然存在」（pure Beingness）或「絕對」，他試圖指稱的，都是在「我在之感」生起之前、消逝之後的那個始終如如不動的狀態。

⑤這是因為提問者認為自己就是身體和心智，而馬哈拉吉並不認為自己與提問者是心智和身體。

當身體中的存在感這個最高法則消失時，你如何能說話？當這個最基本的法則都離開了，還有什麼價值存留下來？首先，是存在感消失，然後身體也不復存在。然而，存在感永遠不會知道身體正在消失，因為這份存在感在身體消散之前已然離開。

一個嬰兒出生，經過一、兩年後，他能開口說話了。這份說話的能力是從何處發展的？它是來自身體的食物精華，不是嗎？從其內在，這個嬰兒發展了說話的能力。

瑜伽行者馬哈里希·馬赫西（Maharishi Mahesh）⑥擁有八千多名信眾，但他講過這份真知嗎？他們把這份存在感當成真理來供奉，將之尊奉為「實相」。他們非常地崇拜這份存在感，所有的靈修儀軌都奠基在以此存在為真理的感覺上。然而，這份存在感難道不是食物精華的產物嗎？因此，難道這份存在感不會最終隨著食物精華而衰滅嗎？

你自然地、毫不費力地理解你所了知的，難道不是這樣的嗎？一旦你自發地理解，你將會意識到它不過也只是個暫存階段而已——這份存在感終將消失。一旦你理解了這一點，你將會明白這份存在（感）其實並不真實。當你領悟了它非真時，你就證入了永恆。⑦

現在，讓我們沿著這條線索往下探索，你能否把握住某個唯你所有且永不消逝的身分？若非得到某些食物精華的協助，有人能夠說話嗎？若非得到一具身體的協助，有人能夠現身嗎（有沒有人能夠現無身之身）？

〔馬哈拉吉剛接到某個邀請，準備乘車前往某個村子演講。〕

是否有人能聽懂我說的這番話，領會我話中所暗含之意？問題是會不會有人聽完我說的話之後，並未打聽到我的住址，就帶人來抓我？本地人應該不會如此，他們不是那樣的人。但是外國人就有可能會抨擊我了，因為我在批評基督，我宣稱自己明瞭基督的真實立場，因為他和我宣講的是同一個真理。

所以，發生在基督身上的事也有可能會發生在我身上，因為基督開始為人們講述真相——真理。人們一聽，惱怒非常，於是將他釘死在十字架上——他們真敢讓基督流血。

因為我說的話超出他們的理解程度，所以有的聽眾可能會非常生氣並且深感不安。他們會說：「一派胡言，我們必須結束他。」因為我的導師吩咐我這樣做，所以我才會去參加類似的演講。當我去到那個村子，我將不得不採用「虔誠」的途徑而談論神與純潔。因為若是我去跟他們說些我在此說的話，他們根本就聽不懂，我只能在他們能理解的程度上進行演講——神、純潔與信仰。

---

⑥馬哈里希・馬赫西（Maharishi Mahesh, 1918-2008）為美籍的印度瑜伽師，超覺靜坐（Transcendental Meditation）的創始人。超覺靜坐是一個簡單、自然的心智技術，通過超覺靜坐，心智得以開展其潛能，產生不受限制的覺知力。

⑦這是因為唯有永恆方知存在感純屬虛妄。

第三章　究竟之藥

一九八〇年七月四、五日

導師：當這五種生命能量得到淨化，相應的感官也就會得到淨化，於是你的心智也會變得純淨。當你的心智純淨時，你就能理解聖人之言。若非經歷此番淨化的過程，聖人之言對你來說將宛若天方夜譚。最終，這份純淨會引領你走向真我之智（梵atma-jnana：self-knowledge）❶，走向真我。

求道者：是否因為我們專注於冥想「我在」之感，而引發了淨化？我們的核心任務是否就是淨化自身？

導師：我在此所說的是我們所謂的「純質」，意味著你所消耗的食物精華。對於意識

❶真我之智（梵atma-jnana：self-knowledge）：了悟「我在」的真知。

而言，這個身體無外乎食物而已，而這個「純質」的本質其實就是「存在」，或「我在」的真知（「我」的意識）。你最終會認清這個「純質」的本質，但當下我說的是所有食物的精華。

你問我通過冥想是否能夠引發淨化，答案是肯定的。因為通過冥想，心智得到淨化，從而使得了悟真我成為可能。正如糖的本質是甜味，所以「純質」的本質（食物的精華）即是這份認知——「我」的意識或「存在」。正如……的甜味……

求道者：這個怎麼可能是食物的本質呢？我對你所說的這一點還是不甚明瞭。食物有可能是惰性的，也有可能是變性的（梵rajasic），而這取決於你所挑選的食材。你在此所謂的「食物」，是否是廣義地包括思想以及我們接受的所有教育，或者只是狹義地指稱我們吃下去的食物？

導師：食物最終會呈現出這個形相——這具身體。現在，在這具本身無外乎食物的身體當中，存在著我們所謂的「純質」。在「純質」和食物之間有著某種連繫，不能簡單地說食物就是「純質」，後者相對於食物而言更加精微，也更加微妙，「純質」有點類似於食物的精華。這樣清楚了嗎？

求道者：清楚多了。

導師：此處還有一物，稱為「根本純質」（梵moolasattva，origin of sattva）——原初的精

華（original essence）。它的屬性是使你得以了知「你在」。所以，在你的身體裡有著「根本純質」，使你得以了知自己存在。

相關的另一概念就是所謂的「疾病」，如果心或組成身體的物質運作失調，出現了某種混亂和失序，這就稱為「疾病」。醫生如何治療疾病？他會給你吃藥。藥物同樣也是一種「純質」，而且它能糾正失調，治癒疾病。

求道者：有時可以。

導師：確實，這個「存在」或知曉其本身就是苦。「存在」發生之前，你沒有任何問題；「存在」發生之後，問題隨之而來。我再重複一次：伴隨著形相，「存在」顯現——你開始知道自己存在，結果所有的問題都來了。所以，這種認知或這個「存在」本身就是痛苦。你要評論一下這一點嗎？你同意這個說法嗎？

求道者：我同意這一點。有時我覺得疾病簡直是自作自受，但有時又覺得疾病彷彿是從天而降，強加給我們的身體，不由分說，無法理解；它自身有著一股強大的力量。至於說它是否會被相應地治癒……

導師：再次地，這份「存在」——「我在」的認知，我稱之為「upadro」，即「初始精華」（primary essence），正是煩惱之源。正如我今天早上所說，作為歡樂的結果，煩惱之源也被開啟了。在「初始精華」中，含藏著「我在」的認知——你知道「你在」。

求道者：我對此無異議。

導師：你看，身體精華中的核心部分，究竟而言，就是「我在」的認知。而它是由食物精華凝結而成的身體來維繫的。你能跟上嗎？

求道者：我能跟上……

導師：現在，這份核心精華——「我在」的認知，在一天的時光當中，會有時體驗到痛苦。因為它的本質就是要體驗這些（痛苦）。所以，只要「我在之感」生起，痛苦必會如影隨形，這是自然而然的，無可避免的。

求道者：它們常常把歡樂都給比下去了。

導師：這份「存在」包含沉睡與清醒狀態兩個方面。「我在之感」本身就意味著處於清醒狀態或沉睡狀態。所以……

求道者：您說「我在之感」表示沉睡或清醒兩種狀態，您的確切意思是什麼？我不太理解。

導師：在清醒狀態下，你知道「你在」。

求道者：在我的清醒狀態下，是的，我知道「我在」。

導師：當你睡著了，你並不知道「你在」，不是嗎？

求道者：是的。

導師：這就表示「我在之感」總是存在著兩個面向。在沉睡中，「我在之感」被遺忘，正因為它被遺忘，所以你才能完全放鬆，與自己和平共處。在清醒狀態下，你知道「你在」，而這本身就是痛苦。但因為你心事重重，整天忙碌於紛繁事務，所以你也能忍受這種清醒狀態。

這種存在的屬性（quality）——「我在」的認知，根本無法忍受它自己。它無法獨自面對自己，靜靜地觀照他自身，對他而言簡直是種折磨。因此，躁動屬性（梵rajaguna）應運而生……它負責帶領「存在」去兜風，讓它沉浸在各式各樣的活動當中，避免讓它獨自面對自己——這簡直太難受了。而怠惰屬性（梵tamaguna）則是最基本的屬性，它的工作就是為人提供方便，讓他可以為所有的行動宣稱主權——令人產生「我是作者」（I am the doer）之感。躁動屬性把人牽扯進入所有的行動當中，而怠惰屬性則為所有的行動宣稱主權或作者權。但我們需要深入瞭解的是，無論發生什麼，都是因為純質屬性（梵sattvaguna）、躁動屬性、怠惰屬性這三種屬性而發生的。它們根本不是你做出來的，你與發生的所有事情一律無關，毫無瓜葛。我一再地強調這一點，這一切不過是發生在這三種屬性（三德）當中的戲劇而已。再次地，你需要瞭解，是你在體驗純質屬性——「我在」的認知，是你在體驗「我在之感」——「絕對」，但你卻不是「我在之感」。你對此有什麼要說的嗎？

求道者：我能說什麼呢？我無可置評。

導師：我在此處所說的內容，在其他地方通常是不說的。

求道者：我知道，這就是為什麼我會在這裡。

導師：我已經理解、實證並超越這三德，我充分了知它們的戲法，所以才會這麼說。我已經理解、實證，已超越了三德，許多的聖人也談論「三德」，說得也很細微、深入，卻只能是把你帶入靈修中，灌輸你許多需要遵循的訓練。然而，「三德」這個主題……先於訓練，比所有的訓練更加微妙，可謂是眾妙之門。

求道者：但同時您還是會讓我們去做一些練習，幫助我們淨化三德的遊戲（運作），使它們不再將我們的注意力持續地拽入這個塵世中。因為除非我們自己能夠盡到一份責任（這一點您和其他所有的大師都是認可的），否則三德的遊戲就會隨機且不可測，而我就會像是被一群頑皮的海豚所踢的皮球，被踢得團團轉。

導師：如果你嚴格地按照我所說的去做，你就會實證到無論發生什麼，都只是發生在三德的領域，而真正的你與三德的遊戲毫無關係。當你逐步地將自己從世界及其活動中抽離出來，就能超越三德，並發現自己根本不住在它們的領域裡。

當與三德糾纏不清時，你會渴望世間的很多東西；但當你完全了悟自己並非三德時，你就什麼都不想要了，心無掛礙，無有期盼。

求道者：靈修是必須的嗎？

導師：你唯一所需的訓練就是：居於你身體內的真知，即三德的核心本質——「我在」的真知；「我是那」都還只是第一步。你必須與此真知合一，你必須只安住於此真知當中。你必須想起「我不是這具身體；我是無形亦無名的真知，暫住於此身體中；這份真知即是『我在』」。

當你安住於此狀態中足夠長的時間以後，無論你曾經有過怎樣的懷疑和疑問，「我在」的真知自動就會生根發芽、茁壯成長，展現出它的生命和意義；它會以最適合於你的方式向你澄清一切。至於外在的知識，則根本沒有必要。

求道者：這項靈修需要任何的技巧嗎？

導師：只需要你的信心！如果你想要任何入門技巧……只需要記住導師告訴你的話：「你不是這具身體！」這就是入門！安住在那裡，安住於此狀態中。

這份信念（梵shraddha；faith）是自發且自然的，它是什麼？「我在」，無言的「我在」，無論你是什麼，它本身就是信念。現在你必須提升自己到「梵」的狀態；

「我在」本身就是「梵」。這是你必須發展的狀態。

求道者：為達至此狀態，我們是否需要隱居一段時間？

導師：在你能安住於此強烈的信心之前，可能確實需要獨處。但當你能安住於其中時，你就會與它建立起強大的連結，你會發自內心地明白你就是它，你只是它；屆時，哪怕你身處人流當中，你也不會與它斷開連結。

求道者：當你證悟的那一刻，你是「那」（That）；其他時候，你只是在想像你是「那」，你只是試著讓自己相信你是「那」。但當確信的一刻來臨時，那是否就是證悟？

導師：是的，那一刻你會了悟實相。

求道者：當你證悟時，會有什麼關於證悟的徵相嗎？

導師：無有形相、符號或象徵，因為證悟時唯有你存在。

求道者：那時，你會看到一些異相嗎？

導師：你知道的，很令人驚奇的是，你可能會看到很多事物。例如光……所有的光源自何處？源自於真我之光——真我光明。

求道者：我在好幾本書裡讀到，伴隨著證悟而來的，還有昆達里尼（梵kundalini）❷能量的覺醒。是這樣的嗎？

導師：你所說的「昆達里尼」的情形發生在他身上，但我不會去觸及它。

求道者：發生在誰身上？

導師：發生在那些闡述相關理念的人身上。我不會去觸碰這些概念，那是穆克塔南達（Muktananda）③的領域。

求道者：還有其他的一些人也說過類似的話。

導師：我的方法和路徑與他們不同，我不會去說那些東西。

求道者：難道結果不是一樣的嗎？我們只是被告知某某人證悟了，但卻沒有切實的證據。只是那些已證悟的瑜伽士告訴我們，伴隨著了悟，他們獲得了超能力。他們煥發出奇異的光芒，進入不同的次元。總之，在證悟時，有很奇妙的事情會發生在他們身上。

---

❷昆達里尼（梵kundalini）：潛伏並盤繞於脊柱基部的心靈能量，亦被稱為「靈蛇之力」（serpent power）。

③穆克塔南達（Muktananda, 1908-1982）：佛性瑜伽的創始人。周遊各國宣揚內在醒覺：「昆達里尼被喚醒後，人就意識到自己是神。」

導師：你還有可能看見不同的神祇，任何事情都有可能發生，但不代表你就應該執著在這些概念上。

求道者：是的，但這些奇妙的事情真的能發生嗎？

導師：確實有可能發生，但若是你執著於這些神秘體驗、奇妙幻相，你就有可能忘記證悟真我（self-realization）之路。那些人就猶如在電視螢幕上學習一般，這意味著那些執迷於此的人依然處在體驗的層次上，並甘心如此，他們無法超越體驗。

求道者：您在此所闡述的，若是以《薄伽梵歌》（*Bhagavad Gita*）④的語言來表述，是否就是「智道」（梵jnana-marg；path of knowledge）？

導師：不，不是智「道」（梵marg；path）。安住於真知中，與所謂的「智道」大相逕庭。「智道」意味著你還在沿著某條路徑前行；前行的終點即為「我在」的真知——安住於此真知中。

求道者：那就是《薄伽梵歌》中的「智」（梵jnana）❺之意。

導師：「道」意為你總是試圖向前走，而我並不需要你前進。

當你談及「道路」時，你認為終點間關萬里，而你需要馬不停蹄地走到那裡。但問題是你現在已經在終點了，哪裡還需要什麼道路呢？

求道者：就那麼地容易？

導師：你已然身在終點，這是你最自然、自發的狀態。不幸的是，你牽扯上了許許多多的概念，深陷這些概念的泥沼。

如其本然所是，「你在」本是最自發且自然的。

求道者：再次地，讓我以《薄伽梵歌》的術語來詮釋一下……

導師：我不希望你向外找尋依靠。在這裡只有兩個實體──我和你，別再引入第三人或第三方的支持了。這份對話只是發生在你、我之間。

求道者：您與上主克里希那（Lord Krishna）之間有什麼不同嗎？

導師：我不知道你所謂的「不同」是什麼意思？因為我的詞庫裡頭沒有「不同」一詞。

求道者：所以，如果我引用《薄伽梵歌》裡上主克里希那所說的話，這會讓我感覺很舒服，會不會……如果祢不讓我證悟，那誰讓我證悟呢？

---

④《薄迦梵歌》（*Bhagavad Gita*）是摘自史詩《摩訶波羅多》（*Mahabharata*）中的一部，內容是神主毘濕奴轉世的克里希那（Krishna）為阿周那（Ajuna）所作的傳授。

❺智（梵jnana）：真知，尤指靈性的真知。

導師：「你在」的真知就是上主克里希那。

求道者：好吧，所以我的真知……

導師：就是克里希那。

求道者：我的真知就是「虔誠」（梵bhakti，devotion），「虔誠」是最簡單的路。無論是虔誠禮拜羅摩（Rama）⑥、克里希那或其他任何神祇，甚至包括導師；你專注在其上，甚至都不用想「我在」、「我是誰」、「我是這或那」，總之當螞蟻比當方糖更有福，我只需虔誠地念誦他的名號——神的名號，或導師的名號，就能獲得「智」，就能悟道。只需要虔誠、盲目的虔誠，不用去想我是誰或是什麼；真知本身——「我是那」，自會向我彰顯一切。只要信心足夠，證悟就會發生。

導師：如果你已經經歷了上述的一切，為何還要到這裡來呢？如果你真的完成了上述的事——走完虔敬之路，真知必然早就降臨於你了。那我們不得不問，你為何還要到這裡來呢？

求道者：不，真知尚未降臨，我仍然感覺自己不完整。我不是在誇口虔誠，我是想要虔誠。所以……

導師：沒有所謂的真知降臨於你，因為你就是真知。它已經在那裡，那就是唯一的狀態。

求道者：只需要盲目的虔誠？

導師：當你已然就是「那」時，你為何還需要盲目的虔誠？

求道者：因為對於百分之九十九的人而言，這是最簡單的路。我寧可相信您是神，都無法相信我自己是神。我可以相信您是神，相信您比我更具足神性。您是神，您是能量之主（梵shaktiman；possessing power），我無法相信我自己是能量之主。

導師：如果你不相信自己就是神，你就不可能進入那個更高的狀態，這就是「不二論」（梵advaita；non-duality）的虔誠。神與你無二無別，你就是神，你只是神。只有真我無處不在。

求道者：是的，我知道。但他們說「二元論」（梵dvaita；fundamental duality）❼和「不二論」……都能引向「究竟」（Ultimate）。

導師：太多人云亦云了，但我告訴你的是這個——看見「你在」，知道「你在」。與你之所在待在一起。

---

⑥羅摩（Rama）：阿逾陀國的王子，是印度古代傳說中的一個偉大英雄，為印度教所信奉的重要神祇之一。他是大史詩《羅摩衍那》（*Ramayana*）主角，也是主神毘濕奴的化身之一。

❼二元論（梵dvaita：fundamental duality）：與「不二論」相反的理論。

求道者：「二元論」是不正確的嗎？它能將我們引向同樣的終點嗎？

導師：二元性的問題根本就不存在，因為除了真我以外，無物存在；只有真我存在。我現在只講最高真理，無論它是什麼。在較低的層面上，一切都是真實的，在其相應的層面上是真實的，但我現在已經不說那些東西了。我不會再去詳述那些初階的事情……那種幼稚園的階段對我來說已經結束了。如果任何人能夠全然信賴我說的話——相信你自己真的就是「梵」，你就是一切，這份信賴自會將你轉變。

求道者：是不是我的業力（梵prarabdha）❽決定了我現在所「在」的一切？

導師：你所謂的業力（命運）到底是什麼？我不知道業力，也不知道命運。在起步階段，在靈性思維的啟蒙階段，我會談及業力和命運。對於那些靈性領域的新手而言，這些課程是有益的。但在我的靈修階段，這些課程就不適宜了。所以在高階的靈性課程中，我不會解釋這些概念，它們都已被我直接去除。如果你不喜歡我的教導，那麼無論我說什麼，你都可以批評我，並自由地離開。

求道者：一個人能改變他的命運嗎？

導師：我已經說過，我不相信命運。如果你是真的虔誠，你怎麼還會需要命運呢？若是真虔誠，個體性早就被轉化成為「梵」（神性）了。對於「梵」而言，何須命運？「梵」的狀態——顯相之「梵」，不會屈從於任何個人性的命運。哪有什麼好壞能降臨於此「梵」的狀態之上？一個人若是未能與「梵」合一，若是還把自己當成是一個分離的個體，當成是一個受制於「身體—心智」的個體，那他免不了會想像有好事或壞事發生在他身上。

對此，你想說點什麼嗎？想要評論嗎？先生。

求道者：有一件事情正發生於西方，我對此有強烈的感覺，就是當東方的教導經由代表人物如您以及拉馬納．馬哈希（Ramana Maharshi）⑨等流傳到西方時，會立即染上西方特色。西方人總是想要擁有，當他們厭倦了獲取物質利益、性欲滿足和毒品所提供的轉瞬即逝的快感之後，他們就轉而尋求靈性的生命。但他們對於靈性的看法，依然受制於其一貫的「想要獲取」的動機。

導師：你必須明白，西方人會轉向靈性，那是因為他們開始對這個客觀的世間生活感到厭倦。所以，一個人必須瞭解痛苦的根源在何方，你必須找到痛苦之源。對吧？

求道者：我絕對贊成這一點。這也就說明了為何您的教誨是如此地重要，因為它與普通的靈性教導完全不同……

❽業力（梵prarabdha）：命運；業力當中於今生顯化的部分；一項事業。

⑨拉馬納．馬哈希（Ramana Maharshi, 1879-1950）：是二十世紀前半葉出現於印度最著名的心靈導師。他最主要的教導，即是去參問「我是誰？」讓心智直接回歸其源頭，契入真我。

求道者：我想我們這位新朋友正在試圖理解的，正是當前西方靈修界日益凸顯的基本困惑——人們把證悟與脈輪系統的掌控聯繫在一起，而實際情況絕非如此。你知道，當拉馬納・馬哈希被問及這一點時，他會說唯一讓他感興趣的中心是本心（the heart）。

導師：每個來此的人都會被「清理」（liquidate），他最後什麼都得不到。當你進入那種狀態——最高的狀態，屆時被悟到的只是你，無論你的初衷是想要獲取或丟棄。我向你保證，你什麼也得不到，而且你會了悟到根本無須獲取。安住於我之前所說過的話中，先做你的功課，然後再提問。

我倒是想要向你打聽一下，什麼樣的藥方能夠幫助你知道「你在」，並讓你運用「你在」的真知？

求道者：您的教誨，是我所知道的唯一藥方。

導師：如果你想探尋自己到底是什麼，你可以持續地來這裡，找出那個「你在」究竟是什麼。不斷地推究那份解藥——「你在」，同時別把我教導你的東西四處宣揚，你只需要自己知道就好了！

口譯者：馬哈拉吉對很多人會說：「什麼都不要問，只是聆聽。通過聆聽，他們自然就會明白，自然就能解開大部分的疑惑。」對於早上的那位女士，他說：「只是聆聽，別問任何問題，聆聽本身就有極大效果。在談話的流動中，許多疑惑自會開解。」他對此很有信心。

求道者：為什麼不同的導師、聖人（梵rishi；holy man）和證悟的瑜伽士之間，會有如此的分歧？或許是他們並未證悟？

導師：不是的，我會向你解釋。儘管意識是普遍的，「你在」的真知以及所有的真知都是一樣的，但它們的表達卻是個體性的，因為它們是通過不同的身體和心智表達出來，一切都是不同的。因此，每位聖人的教導都不相同，而且必然如此。

求道者：所有的這些道路都會導向……

導師：它們會導向同一個終點，條條道路通德里（Delhi），難道不是嗎？道路各不相同，終點卻只有一個。所以，你無法比較我的道路與其他聖人所闡釋的道路。

求道者：在您的方法裡——我能稱之為「方法」嗎？您是否有注意過任何神通（梵siddhi）⑩？

導師：沒有。但那是我自己的事，因為我的導師如是教導了我。我的導師告訴我：「儘管你證悟了，你的任務卻只是闡釋真知，神通與你無關。」我曾經非常地熱切……

⑩神通（梵siddhi）：可洞悉他人一切的超自然力。

我想像著：「我會獲得某種超能力，施行奇蹟，療癒病患。」最初，我就是這樣想的，那是我初學時的想法。但我的導師告訴我：「那方面的事情與你無關，你只需要闡釋真知。」所以，我不具有超能力。然後導師告訴我：「你必須每天重複這些拜讚（梵bhajan：祈禱歌）⑪三、四次。這是你的每日必修課。」他說，為了無知的人們，我們必須如此。

我並不想把你帶到傳統的、常規的、迂迴曲折的靈修道路上。這就是為何外國人會比較喜歡我的教導的原因，因為我這裡並無那些傳統、常規的東西。

求道者：那些傳統的印度祈禱、儀式，在這裡一個都沒有。

導師：那是虔敬之道。然而，我給你們的則是阿特曼瑜伽（梵Atma Yoga）⓬。我沒有「練習」奉愛瑜伽（梵Bhakti Yoga）⓭，也就是拜讚之類的方法。實際上，奉愛瑜伽是自動發生的，它意味著（信徒）試圖與神連接。並非只有這裡才有奉愛瑜伽，它其實無處不在，包括螞蟻都在練習奉愛瑜伽。也就是說人人皆有奉愛之心，甚至連一隻螞蟻都想要活下去，這份心願與「奉愛」無二無別，只是這隻螞蟻並不清楚這一切。只有人類……

求道者：我的問題是，甚至連智者的拜讚都是奉獻給某個神祇的，例如上主克里希那；顯然，三德領域內的虔誠（梵saguna bhakti）就是奉獻給上主克里希那的。〔轉向口譯者說〕他的回答能令你滿意嗎？如果令你滿意，請你說服我吧！

口譯者：事情的發生應是這樣的：馬哈拉吉作為一名智者，極有可能與世無爭，沒沒無聞，當年他的導師就是如此認為的。所以，當馬哈拉吉問起，當他證悟之後，應該如何報償導師的恩情時，他的導師回答：「你無論如何都無法報償。但如果你想要報償的話，那就每天做四次拜讚吧！」他的導師說這番話，就是知道人們如果發現某個地方有拜讚儀式時，會意識到此地有人正在敬拜神，這也正是人們開始來此地的初衷。起先，來的主要是印度人，而且這些人大部分對於了悟真我興趣缺缺，卻對信仰神感興趣。所以，是這些人先來的，之後才開始有其他類型的人前來，例如莫里斯·弗雷德曼（Maurice Frydman），隨後《我是那》出版面世。最終，你經由他而了知這一系列的教導。所以，這些拜讚儀式間接地讓人們知道有馬哈拉吉這個人，否則他很有可能會沒沒無聞。

求道者：有道理，但這其中肯定還有更多的東西。

口譯者：因著這些拜讚，人們得到提升，不是嗎？一般情況下，我們都在練習他現在告訴你的這些東西。過去，他曾想要就這一點來展開討論。然而目前，人們若還是把這些老問題提出來，他將會拒絕回答。他一直以來想說的是，從螞蟻到人類，一切眾

---

⑪ 拜讚（梵bhajan）是一種靈性歌曲，以梵文譜成並用來頌揚神，唱誦拜讚能激發內在神性之美，有助放鬆身心，以及與美好的神性連結。

⑫ 阿特曼瑜伽（梵Atma Yoga）：通向了悟真我之道。

⑬ 奉愛瑜伽（梵Bhakti Yoga）：虔敬之道。

生都在做拜讚。最終，當你了悟真知（絕對真知）時，只有到那時，你才會明白奉愛瑜伽和智瑜伽（梵Jnana Yoga）⓮無二無別。

求道者：所以，無論我們走哪條路，都可以證得究竟的真知？

口譯者：是的。

〔提問者正在詳細地介紹一位著名的美國順勢療法專家，這位專家最近剛訪問過馬哈拉吉，他被邀請來為馬哈拉吉緩解病情。〕

導師：因為我安住在先於三德的狀態中，所以過去的三個月，疾病對我毫無影響。我一點都不害怕這個疾病，因為三德早就與我無關了。而無論發生什麼，都只是發生在三德的領域中。這一切都是三德造作出來的，我是三德及其領域的觀照者，但我卻不是三德。

你們剛才說到「疾病」，疾病是發生在什麼事物之上呢？顯然它並未發生在我身上。疾病只是發生在所謂的「出生」之名所附著的那個事物上。因此，是那個被生出來的事物在經受病痛，而不是我在生病受苦。

接下來的問題是：「被生出來的究竟是什麼？」被生出來的只是三種狀態——清醒狀態、睡眠狀態以及「我在」認知的意識狀態。若無這種意識狀態，身體和生命元氣就無法正常運作。所以，生出來的就是這三種狀態。然後，這三種狀態通過三種屬性（三德）來工作。所以三種狀態，以及隨之而來的三種屬性，這一捆東西被生出來了。之後無論發生什麼，都只是發生在這一捆東西上。至於我，跟這一捆東西毫不相關。

我清晰地觀照這生出的一切，也清楚地知道我並非這生出的一切，所以，我毫無畏懼。別人眼中的重病，對我而言根本無所謂。

雖然知道我自己並非被生出的那位，但還是會對它有著一絲牽掛。哪方面的牽掛？對身體的牽掛，因為我與這具身體共度了一段漫長的時光。因為我跟它相處了八十多年了，所以會有那麼一絲牽掛。就如我遇見某個老鄉，我們彼此相識多年，他來了又走了，我跟他說再見。然後發生了什麼？他正在離去或他已經離去的事實，將不再對我造成影響。但當他告別時，還是有著那麼一絲的牽掛，因為我相識八十多年的某個人或事物要離開了。但那就是所有的一切了，我對他並無一般意義上堅牢的執著。

意識被生出來，然後錯把自己等同為這具身體，認為自己就是這具身體，以為自己是通過三德來運作的，那就是被生出來的一堆東西。然而，我跟它們毫不相關。在《薄伽梵歌》中，上主克里希那告訴阿周那（Arjuna）⑮：「你並未殺人，也沒有任何人被殺，這一切全是幻相。」

甜味是糖的本質或屬性，但只有當糖仍然存在時，甜味才能存在。一旦糖被吃掉

⓮智瑜伽（梵Jnana Yoga）：真知之道。

⑮阿周那（Arjuna）是在《薄迦梵歌》（《摩訶波羅多》〔*Mahabharata*〕其中之一節）中與克里希那對話，接受教誨的人物。在史詩《摩訶波羅多》中，盤達伐族（梵Pandavas）的阿周那，因為得到克里希那之助，打敗了對敵高盧伐族（梵Kauravas）。

或扔掉，甜味就不存在了。所以，身體的本質（精華）就是這份「我在」的認知、意識或存在感。如果這份身體精華耗盡，那麼，存在感也會隨之消亡。這份存在感無法脫離身體而單獨存在，正如甜味無法脫離物質（糖）單獨存在一般。

求道者：那麼，剩下的是什麼呢？

導師：剩下的則是「原初」（Original），它無條件、無屬性、無身分。正是在「原初」的背景之上，暫存的意識狀態、意識之三態和三德出現了；這些東西都來來去去。這份「原初」被稱為「超梵」（梵parabrahman）⑯——「絕對」。這正是我的基本教義。你有任何疑問嗎？

求道者：對此教義我基本上是接受的。但我仔細地讀過幾本書，我記得書上說一般人、未證悟者會有某種（前世）記憶的殘留；如果進入了您的狀態，這份殘留是否會被完全清除？⑰

導師：如果糖或甘蔗水還在，那麼甜味就在。如果這個物理形態的物質精華（這具身體）消失了，哪裡還有什麼記憶可言呢？甚至於你是活著的、你是存在的這份覺知會消失，你的存在感本身也都會消失，就如甜味消失般地消失了。

這位女士的問題是，在身體和意識離開之後，還有某種名為「超梵」的事物留下來。那麼，無論留下來的是什麼，你又如何能知道呢？你怎麼可能知道還有某物留下來呢？讓我們換個角度來看，這個房間裡有二十個人，然後這二十個人全都離開了。於是留下來的就是這個房間，但離開的人不可能理解那是什麼。超梵是無條件、無屬性、無身分（身分必須是伴隨著「我在」認知的產生而產生）的，所以，當「我在」認知本身尚未產生時，誰會在那裡提問呢？如果你還是某個「人」，還處在個人「身體—心智」的層次，你就不可能理解這一點，你只能親自去體驗它；當你體驗到它時，體驗與體驗者就合一了。因此，你成為了「體驗」。⑱只有以這種方式你才可能了知，但不是心智了知；這心智是在你取得真知之後才生起的。

如果有人問：「超梵像什麼？」答案是：「超梵像孟買（Bombay）。」別跟我說孟買的地理，也別跟我談孟買的空氣，只是告訴我：「孟買是什麼？」你可能說出答案來嗎？你不能的。所以，無有一物，你可以指著它說「這是孟買」或「這是超梵」。如果我要求你：「給我一把孟買！」你會回答說：「我辦不到。」同樣地，你也無法給予或拿取超梵，你只可能是成為超梵。事實上，在超梵中，根本不存在「我

⑯超梵（梵parabrahman）：至尊（the Supreme）；「絕對」。

⑰關於記憶在存在感消失之後是否會延續，這個問題時常會冒出來，因為它跟「輪迴轉世」的可能性有關。《我是那》（橡實〔Acorn〕出版社，美國第一版，第12頁、381頁）當中的兩段話更是對它火上澆油：某些記憶會被保留，某種程度上表達肉身死亡之後，人格續存的可能性。但是緊接著，馬哈拉吉話鋒一轉，不容爭辯地說到，儘管這些保留下來的記憶可能以形相或概念的方式延續，但這並不代表同一個人的延續，而只是「為另一個新的人提供能量」。如此一來，並不是那個老的人格重生了！通常情況下，馬哈拉吉不太願意談這些問題。在一定程度上，他覺得這樣的問題是把馬車放到馬的前面：「你的首要任務是了悟真我，並且是通過解除對『身體—心智』的認同感來了悟真我。如此一來，哪還有什麼『輪迴轉世』的問題？」（請參閱本書「結語」一節）

⑱這句話是指你成為超梵。

在」的概念和想法。有人問：「那像是睡覺的狀態嗎？」不是的。正如我前面所說，睡覺是被生出之物的一種屬性。所以，請找出究竟是什麼被生出來。在出生之前，甚至都沒有「我存在」的想法。回家吧！專注於超梵，因為超梵必須彰顯自身，你無法用頭腦和思想去把握它。「絕對」不是那麼輕易就能到手的，所有的顯相都只是從一束意識之光中誕生的。〔馬哈拉吉對聽眾中的一位女士說〕妳會記得我告訴妳的話嗎？

求道者：我會努力的。

導師：記住一件事，無論什麼，一切都是「你在」意識的一個面向。如果你沒有這份意識，那麼有關「記憶」的問題，甚至連同思考的問題都無從生起。所以，我們的出發點就是這份意識。若身體不存在，這份意識就不可能存在。我們下面就來解開這個謎團。

只有當五種元素存在時，意識方能存在。而當所謂的宇宙壞滅發生之時，⓳五種元素也隨之灰飛煙滅，於是意識也消失了。然而，意識的了知者——「絕對」的狀態，卻分毫無損，這就是為何我總是能處在那種無有恐懼的狀態中的原因了。我什麼都不怕，哪怕萬物燃燒殆盡，天地崩毀，無有倖存，我依然是處於觀照的狀態中。因為我只是在看著這一幕幕戲劇，所以沒有任何東西能夠觸及到我。如此，還有什麼東西能夠影響到我呢？

再者，無論發生什麼，都全無實質可言，它不過是時空中的短暫存留。只要表相還存在，痛苦就會存在。當事物消解，痛苦也會跟著消失。所以，只有當形相和意識俱在時，你才會感覺到痛苦與不幸。一旦沒有形相，就沒有意識，也就沒有痛苦和任何感覺了。

求道者：在您的覺知範圍中，是否有時並無我們現在所看見的這些形相，所以您對於當下正在發生的一切，並不感覺痛苦？

導師：只要意識還在，就會感受到痛苦。但是意識是食物之身的產物，正如油燈中的燈油尚存時，火焰就會繼續。同樣地，這具身體就如油，而火焰則是「我在」的認知。無論你看見什麼，在此之前必須存在「我在」的認知才行。而「我在」的認知已然囊括所有的事物，你所經驗到的整個世界都含藏其中。所以，最偉大的景象是「我在」的認知本身，這份意識本身就是這整部電影，天地萬物盡入其中。

因此，意識在這裡，痛苦也在這裡，然而，我否認這是我真正的身分。我是如何證入自己的真實身分的呢？是通過我導師的話語，我全然地相信他的話，並專注冥想於意識（「我在」的認知）之上，然後我就明白所謂的「人出生於此世間」的說法，其實是錯誤的。實際情況是，我的「存在」是永恆不變的，我並不是這個世界當中的一分子，相反地，整個世界都含藏在我的意識當中。所有的人都認為身體出現了，成形於此世間。然而，當實相現前之時，我才發現原來整個宇宙都含藏在某顆原子當

⑲根據印度教的宇宙觀，宇宙的存在呈現周而復始的態勢；它總是週期性地全面毀滅，然後重建。

中。哪一顆原子？就是「存在」——「我在」的認知。這顆原子含藏了整個的宇宙。

因為你的存在，因為你知道自己存在，所以你也就知道了世界存在。所以，你因之而體驗整個世界的這份意識，絕非無足輕重；事實上，它極其重要。所以，為何不安住於意識中呢？專注冥想於意識本身，試著找出「我在之感」是如何顯現，是什麼令其產生？這份意識是從何發展的？試著找到答案，回歸萬物之源！

第四章　一旦你知道自己存在，你就會想要永遠存在

一九八〇年七月五、六日

導師：許多人相當執著於自己的個體性，他們的出發點首先永遠是自己獨特的個體性，並在此基礎之上展開探索，因為他們尚未準備好放棄自己的個體性。一方面他們想要保全自己獨特的身分（個體性），同時卻又想找到真理。但是在找尋真理的過程中，你必須放棄自己的身分。如果你真的瞭解自己是什麼，將會發現自己其實不是某個人，不是某個獨立的個體，也不是一具身體。而那些依然執著於自己身體的人，尚未準備好接受這樣的真知。

名稱與形相顯化萬千，帶著不同的色彩和特性，然而其根源都是「水」。❶但是

---

❶參閱：「無論顯相或未顯相，萬物皆由水而得以建立。因此，所有的顯相（梵murti）皆是水。」（《六問奧義書》（*Prasna Upanishad*，1.4-5）。

卻沒有人會說「我就是水」，反而會說「這身體是我」。但若是你能看到身體的根源，就會發現身體終究只是由「水」而生。所有的植物和每樣事物，這所有的名稱和形相，都只是由「水」而生。然而，還是沒有人會把自己等同於「水」，他們會說「這身體是我」。所謂的「天堂」或「地獄」（或你還可用其他名字來稱呼它們），都只存於「地」，所有的名稱皆附著於形相，而所有的形相皆由「地」而生，再重回於「地」。所以，不論天堂或地獄的存在都只是概念而已。科學家們會有新的發現，他們會接受自己「我在」認知之意識的幫助，然而，他們卻不知道「我在」是什麼。無論他們發現什麼，都無法直接把握住它。各式各樣的書出版問世，但終究是克里希那（這並非某個人，而是那個住於〔某個〕形相之內的意識）在寫關於自己的一切，寫下它自己究竟是什麼。我覺得對於現存的經典而言，這樣的總結應當是最為恰當的。

求道者：您是指《薄伽梵歌》嗎？

導師：是的，但我並未說克里希那是某個人，它是意識，住於某個特定形相之內而寫下《薄伽梵歌》。這同樣的意識也在你之內，在嬰兒的你之內，正如它在當下此刻的你之內。時光流逝，這份意識卻依然故我，我稱之為「balkrishna」——「孩童的意識」（child consciousness）❷。你可以關注一下它，抓住它，然後你就會瞭解它。那個「我」的意識在孩童和老人之中都是同一個。如果你去想今日那些大人物、大學者、大科學家、大政治家的童年時期，那麼，在他們剛出生的那一天，他們是什麼呢？那時，意識已經出現，然而「我」的意識，那份「我在」的認同，則尚未成形。那時存在的還只是「孩童的意識」——「孩童的無知」（child ignorance），那個孩童尚且不知道自己存在。只有當他長大時，他才會逐漸知道自己存在；他會認出自己的媽媽，然後開始收集所謂的「知識」，結果就成為了一個大學者、大人物，卻無人知道什麼是「孩童的無知」。但是智者知道，這就是為何他變得自由自在的原因。他不會沾沾自喜於了悟真我，智者知道那份意識的起源。

這極微的意識含括整個宇宙，但是智者知道自己並不是這個意識。既然如此，他有什麼好沾沾自喜的呢？他是那「絕對」的狀態，「我在」的意識根本無法存於其中。如果你遇見任何智者，你會輕易地認出他們來，因為他們絕不會沾沾自喜於了悟真我，因為他們已經超越了這份真知，他們會說「我不是這份真知，也不是這個意識」。

當死亡發生時，身體中的意識就會離開。那麼身體中的蟲子，它們的生長會如何？在它們當中也蘊含著生命啊！但是主要的意識已經離開。當生命能量離開時，身體就倒下了。

我講這個主題已經有四十二年了。當我遇見我的導師時，他告訴我把所有的神都放下吧！他告訴我，我因之而體驗這個世界的意識，存於萬物之先。③所以，我應當單純地安住於這份意識中，不斷地反省它，去到它的源頭，找出它究竟是什麼。我現在正在體驗我之所「在」，正在體驗世界之所「在」，這個事實證明即便宇宙毀滅，

---

❷「孩童的意識」（梵balkrishna；child consciousness）：心智形成之前的「我在之感」。

③ 這是指意識比任何事物都更加重要。

天崩地裂，我都不會受到任何影響。如果我會隨著宇宙的壞滅而死亡，那麼，我根本就不可能體驗當下的存在了。

許多的偉大人物都說過如克里希那一樣的話，但任何人在他開口說話之前，他首先應當知道他存在；然後某事發生，他開口說話。但是在說任何話之前，那個「我」的意識必須存在。當處於「絕對」狀態中，那時無有存在；然後存在生起，而你則開始說話。所以，無論你說的是對或錯，在存在生起之前，你不知道你存在。所以，無論你於存在生起之後說了些什麼，無論其真假對錯，也是此。而這個存在之源，你所擁有的「我在」的認知，同樣也存在於一片嫩葉和一粒稻穀之中。

許多人學富五車，卻相信世界存在於前，而他們出生在後，並且相信自己真的出生於此世界中。只要他們還抱持著這樣的信念，他們的知識都不可能是真知；他們其實一無所知。只有當「我」的意識存在時，言語方能產生。在那份意識產生之前，可能有任何的語言嗎？不，你那時甚至都不知道自己存在。你知道的第一件事就是你存在；然後，你才會說有些事發生在自己身上，難道不是如此嗎？所以，無論你說什麼，說的是對或錯，它們的基礎是什麼？

若是「存在」本身缺席，言語根本就不可能產生。一旦「存在」顯現，其後發生的事則被教導傳遞給了「信徒」，然後流傳開來，形成「宗教」，但那些東西都只是些概念而已。你存在，你第一次是如何知道自己存在的？是因為什麼而知道的？現在你知道你存在，但你是如何知道的？

求道者：我不知道。我只是有這種感覺而已，但我無法追溯其根源所在。

導師：當你知道了這份存在的根源，知道了這份「我」意識的根源，那就是解脫，你就會獲得自由，但在此之前你都是不自由的。

求道者：我知道的不多，只是當我按照您推薦的方法開始修練時，我愈是安住在那當中，就感覺愈開心，而且我對自己在人世間的境遇，不再像以往那般操心了。

導師：無論你說什麼，都只不過是世間的語言。若是「存在」顯現之前，你已經了知自己永恆的絕對性存在，那麼，你是否還會有意識地選擇來到這個人世間，進入這具身體呢？實際的情況是，你最初並不知道自己存在，你一直長到兩、三歲時，才開始知道自己的存在。所以，在此之前——子宮裡的九個月，出生後的一、兩年，全是純粹的無知。在不知不覺當中，這些事情全部發生了。所以問題是，在你進入子宮之前，你若是有意識，你還會選擇進入子宮嗎？

求道者：那就取決於我所看到的世間廣告了。若是早知道我的人生會是這樣，我才不來呢！

導師：當一個人臨死時，第一步是他不知道自己的存在，存在感會消失，「我在之感」的意識也不存在。然後，醫生會來確認，身體就會被送去火化。雖然「我在」認知之因尚在，物質身體尚在，但「我在」的認知卻已不存在。「我」的意識一旦不在身體裡，那麼，無論你是把身體送去火化、碎屍萬段，或隨心所欲地對待它，又有什麼關係呢？沒有人會反對。

我現在給你留點家庭作業，無論你聽見什麼，等你回家以後，沉思於這個主題，然後寫下一些要點。如果你有疑問，明天可以問我。

口譯者：許多信徒寫信給馬哈拉吉：「我與你遠隔重洋，你在印度，我卻在西方；我也沒有錢趕過來，但我並不覺得我們是分開的。你就在我這裡，和我一體。」他總是會收到類似的信。他們也體驗到合一、非二元性的狀態。

求道者：但他們還是無法超越。

導師：他們仍無法超越它。儘管已經體驗到合一，他們還是覺得應該來到這裡。我告訴他們：「當你們來這裡時，你們的意識就是我本身。只要你還認為自己是個男人或女人，你就錯過了我。但若是你把自己看作意識，那麼我與你就會永不分離——我稱此為『結合』（marriage）。你可想要與我『結合』？那就擁有這份信心吧！」

現在，我再次地去到源頭。梵語「janmarlana」意為「出生—結合」（birth-marriage）。誰是那正在源頭處結合的雙方？「出生—結合」或兩個主體的結合，一方名為「母親」，但它卻是液態的能量；另一方名為「父親」，當他們結合時，他也是液態的能量。那就是出生。

這就是我多年以來一直在做的靈性教誨，也是我的靈性課題。而我所證入的狀態，清晰無誤地向我表明，我是那縱使宇宙崩壞也毫髮無損的法則，那些就是我的信念。我正在通過自己的親身經驗告訴你，哪怕整個宇宙都烈焰焚天，終至滅盡，我也不會遭受一絲一毫的痛苦，我不會有分毫的影響。我說的是真還是假？

求道者：您是說您的體驗？

導師：是的。

求道者：我相信，那是真的。

導師：所以對我而言，天堂、地獄根本就不存在。當然，有的人相信天堂、地獄之類的東西，因此他們也有可能會尋獲相應的體驗。但是對於我而言，它們根本就不存在。

口譯者：在過去的四十二年裡，馬哈拉吉一直不停地在說話，但現在因為他的健康狀態不佳，說太多話會帶來疼痛。他告訴人們，尤其是來這裡的外國人，在短暫的時間裡盡可能地多學點東西。

導師：偉大的聖人詹尼斯瓦（Jnaneshwar）④曾經說過：「我從不虛言；無論世間萬物如

---

④「詹尼斯瓦」（Jnaneshwar）又稱為「格涅殊哇」（Gynaneshwar），是十三世紀印度著名的聖人、瑜伽大師和偉大詩人。他使用馬拉地語（marathi）並以詩經的方式擴充解說《薄伽梵歌》，寫下了《格涅殊哇文集》（*Gyaneshwari*），將昆達里尼的知識傳述給大眾。

何紛雜，畢竟只是幻相，毫無實質可言，全都是虛假的。❺當下這一刻也不是真實的。」

「存在」生起之前，我並不存在。那麼，那時究竟是什麼存在？現在你說你存在，所以我會繼續談這個話題。什麼是「存在」或什麼是「非存在」？你告訴我：「六十年前或一百年前，我並不存在」，那麼，那時是什麼存在呢？一百年前存在的是什麼呢？無論你給出什麼答案，那是真的或假的呢？

求道者：我相信那是真的。那只是根據我的知識所給出的一個誠實回答。我不知道，我已經記不得了。

導師：所以，當你用「我不是……」來作答時，實相則得以顯現，這是真的。當你用「我是……」來作答時，那就是虛幻的。那就是真理，因為它是永恆的。那就是沒有「存在」的狀態，是永恆的狀態。正因為它是永恆的，所以它是真理。現在，你有了「我在之感」，而這份「我在之感」是受時間限制的，它不是永恆的，所以它是幻相——無盡無休的幻相。現在，有一個法則回答說：「我不知道百年以前存在著什麼」，同樣的法則又說：「當宇宙湮滅之時，它不會受絲毫影響。」

如果你完全相信你的導師，你就會擁有他的恩典。意識或「存在」本身就是愛，它無形無相，它渴望恆存，那本身就是愛，這份愛渴望存在。而你所有的努力都是為了它，為了維繫它，而這也是非常重要的，因為整個宇宙都含藏其間。因為它，你才體驗了世界，整個世界都在那份意識當中。

因為你是「梵」，所以你不認同身體；當你認同於「梵」時，你就不再是一個

「人」了。這就如一個生芒果，慢慢地變成了熟芒果。在那種狀態下，你甚至會發現自己其實不是「梵」，而是「超梵」——「梵」的見證者。

瞭解身體與生命能量的運作是至關重要的，也就是說，這就瞭解受心理影響的身心過程。只有當你瞭解這個，你才會明白原來觀照者與身心過程是全然分開的，他只是默默地見證一切。現在，在這個身體當中，生命能量只是一個概念，但它包含了四個部分，其中我們比較熟悉的有兩個——「瑪德亞瑪」（梵madhyama）和「外凱利」（梵vaikhari）❻。瑪德亞瑪是源於語詞並通過語詞來表達的思想，但在其下方，則是「帕拉」（梵para）❼和「帕香提」（梵pashyanti）❽；後者承載並啟動了這整個進程。當生命能量（生命元氣）自發地呼出語詞時，即成為「吠陀」（梵Vedas）。當某種境界超越了吠陀所能描述的極限時，我們稱之為「吠檀陀」（梵Vedanta），意為「吠陀終結」。然而，觀照者卓然獨立於這一切之外，更不會與身體糾纏不清。這是你需要徹底理解的。

口譯者：馬哈拉吉所患的疾病屬於身體和（生命）元氣。他先前說過，無論這是什麼疾病，他早就全然交託給了「存在」。所以，讓「存在」去操心疾病吧！若是「存在」

---

❺參照中國禪宗六祖慧能所說的：「本來無一物。」
❻外凱利（梵vaikhari）：語言形成的最終階段。
❼帕拉（梵para）：語言之源；「絕對」。
❽帕香提（梵pashyanti）：語言無形的初期架構。

想要加重病情，沒問題！如果「存在」想要令病情消失，也沒問題。無論如何，馬哈拉吉只是見證者，而他已經把疾病交託給「存在」了，因為是「存在」在生病——生病是身體和「存在」的問題，而生命能量則是身體這件器具裡的工作法則。

導師：但凡依附於生命能量之物，包括「吠陀」，其存在的時限無法超越身體、生命元氣以及意識所持續的時間。當那些受時間限制的事物消失時，一切都隨之消失，甚至連「吠陀」都會消失。然而，這一切的見證者本身卻是超越時空的，它根本不操心發生在身體、生命元氣和意識中的事。

當生命元氣消失時，這個工具（身體）也就失去效用。清晰了知這一點的人，不會把自己認同於工具或身心過程。如果他非常明確地了知這一點，那他就可謂是擁有了「智」。這位了知者被給予許多名稱——阿特曼（梵atman；self；真我）、大我（梵paramatman；絕對大我）、自在天（梵Ishwara）和神。這些名字只是為了方便交流而設，除非概念或法則被賦予名稱，否則就無法交流。所以，你必須記住，那個所謂的「阿特曼」，並非具有形相或形狀的某物。

昨天我們談到，人們總是喜歡把名稱與事物混淆，這是應當避免的。所以，若是有人問：「『大我』像什麼？」「『絕對』長成什麼樣子？」那你就回答說：「它像孟買。」那只是一個賦予的名稱而已，你無法拿給我孟買的任何一部分。但我們應當避免與名稱糾纏不清，以至於忘記實質。對於「絕對」狀態，我們賦予了許多不同的名字，但我們必須理解，它本身是無條件的、無屬性的，也不具任何身分。

所有的靈性修行，其實全都是建立在工作法則，也就是生命元氣的基礎上的，因此它頂多能維持與生命元氣等長的時間。你學到的所有知識，無論是物質或靈性方面的，都只是建立在這份意識或生命元氣的基礎上。除此之外，這個顯相世界的人們，再無任何知識可學。因為所有的知識都是奠基於此，所以它們本身都是受到嚴格限制的。因此，有人會自認為是在對「阿特曼」作練習，但實情是他並未在「阿特曼」身上作練習；「阿特曼」跟他的練習完全無關，他只是站在生命能量的角度作練習。因著練習的緣故，當生命能量感覺疲憊時，它會想要休息。當你休息時，生命能量有可能會進入三摩地（梵samadhi）❾的狀態。然而，無論你體驗到什麼，包括你在三摩地狀態下的體驗，依然不是非時間性的，它仍受制於時間，並且體驗者與體驗本身尚未合一，兩者是全然分開的。❿我們的任務是去理解這份體驗，而不是跟它混為一談。

世間所發生的一切，全都只是奠基於此生命能量之上，而生命能量通過語詞來工作。整個世界的所有運作都建立於其上，然而「阿特曼」、體驗者或見證者與此完全無關。我再說一遍，見證者就如孟買。沒有任何的行動可以被歸屬於純粹的見證者。孟買能做任何事情嗎？只有當生命能量存在時，行動才可能持續。

當你把自己認同於名稱與形相時，你就落入了陷阱，一生被捆縛。但你真的是那個非時空性的存有，沒有任何身分能夠限制你。當找尋真理時，我們總是帶著形體，

❾三摩地（梵samadhi）：字義為「與神合一」。三摩地是一種高階的冥想狀態，常被描繪成類似於出神的體驗。
❿此處馬哈拉吉講的是究竟體驗者（Ultimate Experiencer），而不是那個呈現身心有機體狀態的受限體驗者。

找尋有形有相的真理，結果是徒增煩惱。此處有名稱、形相和行動，然而，生命能量一旦消失，便無名亦無形，無欲亦無得，連同希望和野心，統統歸零。

從生命能量的開始到結束，它始終受制於時間；當它疲累而休息時，它還是受制於時間。三種狀態（清醒、沉睡、認知）的生起全都奠基於這份現起的生命能量之上，它們是一種自動自發的過程，而非出自任何人（包括你和我）的欲望。無論你作何種練習，都是通過生命能量這個工具在作練習，仍受制於時間。所以，千萬不要誤認為你是通過「阿特曼」在作練習，無論你自認為受到何種限制，都只是些建立在概念之上的限制，而這些概念又是從生命能量中生發的，所以仍受制於時間。

那麼，這些限制與束縛究竟是何物？我們為何會落入它的陷阱呢？那是因為思想流入了言詞之中，於是乎就有了「瑪德亞瑪」和「外凱利」；至於說更早的「帕拉」與「帕香提」兩種狀態則極其精微，一般人根本感覺不到。「瑪德亞瑪」是思想，「外凱利」則是由思想所生的言語。通過思想和言語，我們開始混淆自己的身分，將自己誤認為「我」和「我的」；而事實則截然相反，因為無論發生什麼，都是全然基於生命能量而發生的，與見證者全然無關。可否請你非常清晰地瞭解這一點，就是這個生命能量現已誤把自己當成身體、思想和言語，所以，它會為某些事情而感到內疚，或誤認為藉由某些行動會為自己掙來功德。然而，真相是萬事萬物皆獨立發生，只是通過生命能量的運作來顯現罷了！若是你完全理解了這一點，那麼就無所謂任何束縛或贏取功德的問題了。哪裡還有神？當生命能量耗盡時，再無活動、思想、語言，無復盛衰盈虧。

求道者：身體的死亡是否意味著生命能量的終結？如果是的話，那麼輪迴轉世之說還是有點道理吧？

導師：「帕拉」、「帕香提」、「瑪德亞瑪」和「外凱利」這四種語（speech），皆是生命元氣之名。在通常情況下，一般人意識不到「帕拉」和「帕香提」，因為它們太精微、太基本、太深層，超出他們的理解範疇。所以，他們會在第三個的「瑪德亞瑪」上展開工作；「瑪德亞瑪」也把自己認同於心智，然後從中流出言詞，也就是第四種狀態「外凱利」。每個無知者都是在這兩種心智和兩種語上工作，並由心智（瑪德亞瑪）中造出所固執的自我形相。如果他是無知的，不瞭解宇宙的奧秘，那麼，他肯定就會談論「轉世」、「出生」之類的概念和理念，因為那就是他的自我認同。因此，所有輪迴轉世之類的概念和理念都是無知者的專利。相反地，只要你放下無明，所有的概念將消失無蹤。

求道者：占星術是否還處在心智的領域，因此屬於「瑪德亞瑪」（第三種語）的範疇？

導師：請記住，「瑪德亞瑪」是我們為心智取的名字，一旦生命元氣消失，對於任何生物（梵prani）⓫而言，哪裡還有什麼過去、未來可言？一個人若是尚未理解生命元氣（它的語言就是那四種語言），就免不了會把自己認同為所有的「吠陀」、所有的

⓫生物（梵prani）：呼吸尚存之生物。

活動，以及世間發生的所有事情。你應當理解從生命元氣中流出來的四種語，只要你尚未明白這一點，你就免不了會被心智——「瑪德亞瑪」——操控，而言聽計從。你將再也不會置疑心智帶給你的這些概念，於是，天堂和地獄誕生，各式各樣的功德和罪過粉墨登場。另一方面，一旦你理解生命元氣，那麼，觀察者、見證者將全然獨立於紛紜幻相之外，再也不會跟世間的任何活動糾纏不清。

求道者：一個生前理解生命元氣的人和一個不理解的人，在死後有什麼不同嗎？

導師：那個已理解生命元氣的人將會超越所有的思想概念，不理解之人則會成為他思想的奴隸——他的心智將會不斷地發散出思想，而將他奴役。

求道者：但我的問題是關於死後的不同！

導師：你把什麼稱為「死亡」？現在這些成分已燒完了，它們結束了！這是否就意味著它們死掉了？當某物變得不可見，你稱之為「死亡」，不是這樣的。當某物變得可見，你稱之為「出生」。

求道者：那我們的這具身體還有什麼意義？

口譯者：如今馬哈拉吉不會像過去那般反覆回答這些初階的問題了。現在，微風、陣風與暴風來到孟買的上空，那麼，孟買會享受這些或因之而受苦嗎？大我和「阿特曼」也是如此；它們只可意會，不可言傳。

求道者：但若是死亡之後，那些已理解生命元氣的人和不理解的人結局都相同，那我們又何苦努力成為了知者去理解它呢？

導師：誰能說自己就是無特質、無屬性的超梵，在死後依然無有特質和屬性呢？只有那個活著時已然了悟自己就是「尼古那」（梵nirguna）[12]——無特質、無屬性的人——才能如是說。他不知道自己是「在」或「不在」，「存在」或「不存在」完全無法影響他，那就是「尼古那」，那就是超梵。孟買並不知道自己是否存在，靈魂、「阿特曼」會否上天堂或下地獄？人們會說我病得很重，但我自己體驗到的是什麼呢？我體驗到的只是生命元氣。生命元氣衰落和「存在」消退，根本影響不到我。

曾有人問我：「是否能說您和『我在』是全然相同的？」我回答：「給我一份你是什麼的樣本，再給我一份我是什麼的樣本，然後我就能告訴你，我倆是否相同了。」

求道者：但我很肯定的是，您的信徒都希望您能夠繼續住世。那麼，您會回應信徒們的這個深切願望嗎？

導師：有什麼回應的必要呢？深具信仰者，必會據信而體驗到我的教誨真實不虛。

12 尼古那（梵nirguna）：超越意識。

我們會擁有世界的經驗，是因為有人在體驗狂喜，從我們父母的液汁中，生出了我們所有的痛苦與哀傷。

求道者：您的意思是說對立的雙方總是相伴相生的嗎？苦樂恆存於心是必須的嗎？

導師：所有的概念都是源於你尚未理解自己的真實本質。因為你不理解你是什麼，所以你會受苦。

求道者：馬哈拉吉是否會盡責地照顧他的家庭及其他？

口譯者：是的，而且他做得更多。

求道者：談到生命能量，我們通常意識到的兩個方面是思想和語言（思想的表達）。生命能量的另外兩個方面是什麼呢？在我們的靈修中是否有必要先覺知到這兩者？

導師：「帕拉」和「帕香提」就是你覺知到你存在，覺知到「你在」；它們就是我前面所提到的兩種表達、兩種語。覺知到你的存在，就是覺知到這兩種語，它們的意思是說你處在清醒、沉睡和認知三種狀態中。接下來的兩種語就是你在世間的表演、事業，以及你如何通過心智及其引發的行動來表演。

上述四種語可以通過以下方法來鑑別：第一種語「帕拉」，對應於你的原初狀態，那時的你甚至不知道自己存在。然後，會出現一種感覺，就是你即將變得有意識。那依然處於「帕拉」的狀態，但是「帕香提」（意識開始形成）緊隨其後，你會說：「是的！我活著，我醒著，我存在。」一旦你開始擁有「存在」意識，後續的世間行為就跟生命元氣的後面兩種語發生關連。到了這一步，思想出現了，心智開始工作（瑪德亞瑪），語言也開始流經你的心智（外凱利）。

總結一下，首先，我尚不具備意識，我不知道自己存在；然後意識把自己強加到這種無覺知狀態上，直到我們開始感覺自己有意識。最終，隨著不斷地自我強化，進入完整意識階段，我深切地知道自己存在，知道我在那裡。而這就會變成一個概念，從中生起整個多災多難的世界。在那種你尚無覺知的原初狀態下，沒有任何的苦難麻煩。然而，一旦意識旗幟鮮明地跳了出來，麻煩也就隨之而來。這（意識）不是我的，我知道這不是我的，但它是強加於我的；然後我開始說它就是「我」——認同感於焉產生。

先前當我說「意識」時，有人問我是否意指這具身體，我回答：「不是的，不是身體。」為了讓意識能夠得以顯現，它需要一個身體或載體，而身體則是意識的食物。若無食物，身體無法存在；若無身體，意識也無法存在。所以，身體是維繫意識存在的食物。如果身體和食物消失，意識也就只能隨之消失。還有人會問：「所謂的『阿特曼』或『真我』跟這個意識有何不同？」它們其實都是同一回事，只是在不同的語境下採用不同的術語罷了，內涵基本上都是相同的。我喜歡用的詞是「味道」（身體的精華）；精華的味道就是「存在」——感覺自己活著，並且想要活下去。人都很喜歡活著的狀態，並渴望盡可能長久地活下去。所以這個味道就是對意識之愛。

求道者：我還有一個問題。今天早上我聽口譯者說，我們大部分的靈修都帶著某種目的性，雖然我們非常積極地參與其中，卻是嘗試對自己的一種操控，它們其實是生命能量的表演？

導師：所以，它們是否有價值，這是你想問的問題嗎？

求道者：不，不。我的問題是，如果我們的靈修不過如此的話，那麼觀照者（見證者）的狀態——這個似乎是您的教導核心，如何能從此等嘗試中生起呢？

導師：儘管依然受制於時間，但是練習會把自己展現於意識中，唯一重要的就是這份展現。當我們在冥想時，完全地專注，這種展現就會發生；然後意識本身（它是強加於我們身上純粹的無知）就會向你呈現出你的真實本質。諸如要去向某處、到達某處或做某些事的問題，根本就不存在，你已經在那裡了。

當然，一個人活在世上就必須工作，必須經營你的俗世生活，但你一定要理解，那些自動蹦出來的傢伙——這個身體、心智和意識，完全是不請自來的。我沒有邀請它來，是它自己不請自來，闖入我原初那無有時空、屬性的狀態中。所以，無論發生什麼，都是在紅塵俗世裡忙活。生命元氣和心智在運作，但是心智會誘惑你相信它就是「你」。因此，切莫忘記，你是那超越時空的見證者。哪怕心智誘惑你說你就是那個正在行動之人，你也別相信它的話，永遠都要把你的身分跟那個正在工作、思考、正在說話的傢伙分開。已經發生的一切——換句話說，那個正在工作的器具——是強加於你的原初本質上的，但你卻不是那個器具。你要把這一點牢記在心。一切的有情眾生，其內在都有著一位導師。若非有此導師在場，這個有情生命根本就不可能存在。「存在」本身即是導師。

至於說那四種語，它們是生命能量之果。無論何時有生命能量，就會有「阿特曼」，反之亦然。一旦生命能量離開身體，所有的四種語都會離開，自然也就無法感知到「阿特曼」。「我」的意識、存在以及所有的活動，都只是因為生命能量而發生的，所以，當生命能量離開身體，「我」的意識就會不知所終，身體也就隨之倒下。那麼，我問你：「誰在那裡？」

求道者：無名者在那裡。我不知道誰在那裡，因為它沒有名字。

導師：生命能量和「我」意識的存在是鳩占鵲巢，它們體驗了你的存在。你就是因此而知道「你在」；若是沒有前面兩者的存在，你將不可能知道自己存在。

〔馬哈拉吉對某位新來的學生說〕你正在練習瑜伽（梵yoga：union）⓭，你有導師嗎？你一直以來試圖「結合」（union）的是什麼？你想把什麼跟什麼結合？結合的雙方是何種存有？

求道者：為了移除小我（ego）。

⓭瑜伽（梵yoga：union）：從「yuga」演化而來：「牛軛」（yoke）或「結合」（union）。

導師：目前，你只是聽講就好，所以請坐到後面某處。如果你喜歡這裡所說的東西，你可以留下，否則就不必再來了。但是別問任何問題，只是聽著現場的問導師就好。做為一個新來者，你想要問問題嗎？你認為自己不知道？那就對了。無論你自以為知道了什麼，那都是錯的。所有你自以為瞭解的東西都是錯誤的，而你不瞭解的東西才是對的。前者有始有終，後者則無始無終。

求道者：心智必須靜止下來，因為心智的運作會引發干擾。

導師：你說過，你並不是心智。所以無論心智是安靜的或紛亂的，與你何干？你又不是心智，你是你所不知的。現在，你還覺得有必要坐在這裡聽講嗎？

我的意思是，一旦你真的聽懂我說的話，你就沒有必要繼續坐在這裡。如果你真的明白我所說的，你就可以一勞永逸地離開了。

求道者：我想，我們很多人都有這樣的感覺，就是我們當中的一部分人很善於讀書，其他人則不那麼擅長。如果我們只是拾人牙慧便夸夸其談，那真是太容易了。但是，每當您陪伴著我們時，甚至是在閱讀您的書時，都會有許多超越文字、語言的事發生。我想這或許就是我們如此地被您吸引的原因吧！因為您的陪伴能消除我們對於文字和語言的需求，我們不想再說話，只是靜靜地感受那份神聖的臨在。

導師：當你從小習得那份「我」的意識之後，你所收集到的所有經驗印象，而且你所有的話語，也都是建立在「我」的意識之上。所以你說的話，其價值難免會受限，它們隸屬於客觀知識（objective knowledge）⓮的範疇。

求道者：您的教誨全是為了幫助我們從中解脫，獲得自由。有時，概念需要被澄清，但您的終極目的是讓我們從一切概念中解脫。而我感覺自己已來到這裡，最大的目的就是要放下糾纏了我一生的概念。

導師：童年本身就是一場騙局，全然非真。支撐童年的是你的身體（無論你有什麼樣的身體，它都不斷地在變化），你的客觀知識也相應隨之變化，但是最終你會變老。無論發生了什麼，都像是場夢，毫無實質可言。而那個孩童，支撐著整場夢境，支撐著整個非真之境；一切都是從他那裡開始的。做為一個兒童，你開始收集各種知識，而當你變老時，你又忘記這一切。所以，那些客觀知識毫無用處。那麼，我問你：「當下此刻，你到底是什麼？」無論你收集來何種身分和形相，你都不斷地在失去它們。那麼，你的真實身分到底是什麼？

假設某個人年紀很大，例如已一百二十五歲，他的身體已變得非常虛弱，最終快要撒手人寰。那麼，我們是因為什麼而說某個人死了呢？為什麼呢？

求道者：客觀地說，當一個人死了，那狀況可謂是一目了然。生命元氣離開身體，而

⓮也就是說，從主觀角度而發現的關於「客體」（object）的知識，因此它是破碎的，終究局限於名稱和形相。

那具身體變成了一堆正在腐朽的細胞。

導師：當那個童年耗盡或熄滅，你就說他死了。之前因為那個童年還在，所以（你說）那個人還活著。

求道者：難道您的意思是說生命開始且終結於兒童般的心智狀態？我理解的是，我們的身體在童年時期啟動了。在某種意義上，那個從出生時刻被啟動之物一旦消停，我們就死了。

導師：為何它會被稱作「童年」？「童年」到底是什麼？「童年」這個詞是如何首次浮現的？試著理解一下，被稱為「童年」的那個法則究竟是什麼？

求道者：在兒童身上，意識還顯得很不成熟，他尚未感覺到自己的獨立存在性，也還未形成「我是這個」或「我是那個」之類的概念，他還是比較隨意的。

導師：在一顆生果子裡，有沒有甜味？

求道者：沒有。

導師：最終，甜味是否會到來？它是從哪裡來的？

求道者：是從果實成熟時的生物化學反應中來的。

導師：當你了知「童年」究竟為何物時，你就解脫了。矛盾的是，你將會發現自己早已解脫。你必須試著瞭解自己的「我」的意識或「存在」。藉由那樣的理解，你可以獲取海量的客觀知識，還能試著掌控世界。但如果你不瞭解「我」的意識，那麼你將會受到束縛。你可以在世上為所欲為，但終有你掙不開的鎖鏈。意識（孩童的意識）必須理解意識，它必須了知自己，那是唯一的一條路。哪怕你活了一千歲，這千年以來無論你時不時地給自己找來各種身分，卻無有一物能夠維持恆常不變。哪怕你長命千歲，卻依然無法給自己找到任何永恆不變的身分。

每樣東西都含括在你認為自己是個孩童的這份認知中，而所有這一切最終都會煙消雲散。所以，你整個的身分也會消失，連同那份孩童的認知，概莫能免。

這個「童年」和這份「孩童的意識」，它是真的嗎？當某人已經領悟此「孩童的意識」（童年）全然非真時，你會如何評價這個人？

按照《吠陀經》的說法，若是某人已然領悟童年非真，那麼他就是「尼古那」、涅槃（梵nirvana）。「涅槃」意指「無例證」（no sample）⓯；「尼古那」意指「超越意識」。所以，「尼古那」或涅槃的行動就如孟買，孟買的行動是什麼？那位理解並超越了這條真理之人，其行動就如孟買。

求道者：我覺得孟買一旦行動起來肯定聲勢更加驚人吧！而且傳播速度更快，轉瞬天下皆知。

⓯涅槃（梵nirvana）：無例證；熄滅。

導師：我所說的孟買並非意指它的這塊土地，因為你無法說清楚孟買到底是什麼。

求道者：我覺得還有比這更好的比喻方式。

導師：當你有標準時，可以比較大小。但若是你將要指稱之物，無論是用「大」或「小」來指稱這唯一的實存時，你又如何去比較？如果你不能找出一個更小之物，你如何能夠說某物較大？每件事情都是相對而言的。

求道者：但我們不是一直都在這樣做嗎？

導師：對於你的世間行為，在這個客觀世界裡，是的，你會使用這些術語，就如在夢裡那般。所以，所有的世間行為都類似於夢中的行為，你是在夢中活動。如夢如幻，一切行為發生。

求道者：對於我們當中的一些人來說，生命創造出不可思議的複雜性以及表面看來極其誘人的夢境。所以要接受這一切只是場夢，看穿它們背後的陰謀束縛，倒真是一大挑戰——許多人都會留戀名望，捨不得放手。

導師：這個意識……當它最初以「孩童的意識」出現時，當「我」的意識首次出現時……因著它的出現，你可以說某個人物很了不起，是個偉人。但假設這個意識從未出現，那你是否還能查探到某人的偉大？

求道者：那我可不知道，因為那樣的話我就處於無意識狀態了。

導師：所以，當那份「孩童的意識」不存在時，你無法查探到其偉大，是這樣嗎？

求道者：可笑的是，我們對於自我覺知的初次印象，居然大多是小時候的傷痛記憶；是這些痛苦的記憶讓人開始意識到自己，而非那些愉悅的時光，因為愉快的時光無須你憶起自己，而且沒有必要依靠自己來艱苦奮鬥。

導師：所以，對你來說，憶起童年意味著（憶起）痛苦的經驗？

求道者：嗯！那就是自我覺知的首次生起，當你受到傷害，感到被拒絕，受到朋友的打擊，被媽媽揍了，或父母忽略了你對愛的渴求。

導師：童年本身就是痛苦的。若無童年，則無痛苦的體驗，對不對？這是對痛苦非常直接而簡單的理解。若是某人沒有體驗過童年，他會有任何痛苦的經驗嗎？所有的痛苦都從童年開始。

求道者：我可不認為成年階段就能好到哪裡去！

導師：我們談論的是一切的起源，它們都起源於童年。而「童年」也只不過是個概念、想法而已。所以，只要你瞭解「童年」，你就一勞永逸地超越了所有的概念，這就是為何我們必須理解「童年」的原因。

「童年」的功能是什麼？它的功能就是讓你知道你存在，那就是它所做的一切。在此之前，你不知「我」的意識為何物。我的觀點（那也是我導師的觀點）就是，童年是一場騙局，它虛假不實。「我在」的認知也是一場騙局，當「存在」顯現時，對於存在之愛便是核心幻相所引發的結果。一旦你知道了自己存在，你就會想要永遠存在。你總是想要活下去，想要存在，想要生存。於是努力、掙扎就開始了，這都是幻相惹的禍。

口譯者：醫生囑咐過別讓馬哈拉吉再多說話了。

求道者：怎麼可能有任何醫生能告訴馬哈拉吉別再多說了？那正是他與我們同在的原因。

口譯者：馬哈拉吉說，醫生為他做了檢查，查出他的病症，建議他別再多說話了。

求道者：那是（醫學界的）標準建議。但在我們面前的是療癒生死的「無上醫師」，而他的藥方則通過他的語言傳遞到人間。

第五章　最偉大的奇蹟——「我在」的消息

一九八〇年七月六、七日

導師：所有的顯相皆非實存，所有的未顯皆會消退；清除這兩者之後剩下的就是「那」——「絕對」。「那」就如同孟買。

求道者：您總是在說孟買，我們應當給您推薦另一座城。

導師：但我通常會問你這樣的問題：「孟買會睡覺嗎？它是否會在早晨醒來？它是否會擔憂？是否會感覺疼痛或愉悅？」我可不是指孟買的民眾，也不是孟買的土地，而是去除人與地之後剩下的那個。

現在你知道「你在」，但在此刻之前，你知道自己存在嗎？你現在正在體驗的這份意識——「存在」，它以前存在嗎？

求道者：它以前也存在，時明時暗。

導師：這份「你在」的自信，你對於存在的認知，它以前存在嗎？

求道者：當我按照您的囑咐作練習時，感覺非常清晰，雖說它仍處於初期的階段，但我的「自我」感卻被完全消除，從中生起巨大的喜樂、平靜與明晰。但它來來去去，我忽略了它。

導師：它的內在本質是受制於時間的，它曾經作為「童年」而存在過，現在它也在，但是多年以前它並不存在。所以，你無法說它是永恆的，你因而不必相信它是真實的。❶只要你還有著這份「我」的意識，你就會想要獲取。只要你覺得「你在」，那麼，你所擁有之物就會對你具有某種情感的價值。現在，我們已經澄清了一個事實，那就是你的「我」意識受制於時間。那麼，當「我」的意識消融時，你所擁有的那些東西還有什麼價值呢？

求道者：沒有（價值）。

導師：只要你還不瞭解這個「孩童的意識」，你就會被捲入世界及其活動當中。因此，真正的解脫只能是在你瞭解這份「孩童的意識」之後才能到來。你同意嗎？

求道者：我同意。

導師：在你的一生當中，你始終沒有一個永恆的身分。無論你認為自己是什麼，它時刻都在發生變化。無物恆定。

求道者：我所認為的那個自己也會隨著時間而發生變化，不由自主地變化著。

導師：這種改變也是因為那份「孩童的意識」才得以發生；因為有「孩童的意識」，所以才有了這些變化。這就是為何你必須把握住這個原則的原因。

如果你真想瞭解這一點，你就必須放棄自己對於身體的認同。你當然可以運用身體，但當你在此世間活動時，別把自己當成是這具身體。你應該把自己與意識認同，它住在身體裡；當你在世間活動時，應當隨時緊記自己不是身體，而是意識。這可能嗎？

只要你把自己當成是一具身體，你的痛苦與悲傷就會與日俱增，這就是為何你必須放棄認同身體轉而把自己當成意識的原因。如果你把自己當成是一具身體，那就表明你忘記了自己的真我——阿特曼。一個人若是忘了自己真正是誰，他必然會受苦。當身體倒下時，依然存在的永恆原則就是「你」。如果你認同於身體，那麼你就會感覺自己正在死去，然而在實相中並無死亡，因為你並非一具身體。無論身體存在或不存在，你總是存在的；你的存在是永恆的。

現在是誰或是什麼聽見我說的話？並不是耳朵聽見，也不是這具物質的身體聽見，而是身體裡的那份認知聽見我說的話。所以，把自己認同於那份認知，認同於意

❶暫時性的顯相皆非實存，皆不真實。

識。無論我們在這個世上享受到什麼樣的歡樂幸福，那都只是想像而已。真正的幸福是知道你的真實存在，那是與身體毫不相關的，你永遠都不要忘記自己的真實身分。假設有個臨終的人躺在床上，當他第一次聽見自己的病情時，例如癌症，猶如晴天霹靂，那份震驚永遠銘刻在他的記憶裡。同樣地，你也永遠不要忘記自己的真實本質，就是我告訴你的真實身分。

那個癌症患者，可謂是時時不斷地在無聲唱誦「我因為癌症快要死了」，而這無聲唱誦一直進行著，無須他刻意努力。同樣地，如果發生在你身上，則是要無聲地唱誦「我是意識」。這份無聲唱誦也應當毫不費勁地持續進行，無論任何人，只要他持續地覺醒於他的真實本質——知道自己的真實身分，他就是自由的。

那個身患致命癌症且時刻緊記自己病情的人，最終會到達自己疾病信念的終點，這是無庸置疑的。同樣地，一個人若是時刻緊記他就是真知，他就是意識，那麼，當他走到自己信念的終點時，他就會成為超梵。

所以，如果你想給這片土地拍張照片，我會說：「別拍……給它拍張照片，但別拍到土地。無論孟買是什麼，給它拍張照片來給我看。」你能做到嗎？

求道者：我做不到。

導師：所以，這就有如讓你為自己拍張照片，卻不要拍到你的身體。你就是「那」，就如孟買，你應當毫不費勁地時刻緊記自己即是意識。當你說「我」時，別指稱這個身體的「我」，而是要指稱這個意識的「我」。意識就是「我」，而當你在此世間活動時，一定要帶著這份認知，記住你是意識。

你所體驗到的喜悅或幸福，是通過你曾聽說過的言語，或因為你於瞬間瞥見了「阿特曼」而體驗到的呢？

求道者：通過靈修，我一路學到了很多。在我遇見您之後，事情就變得愈來愈清晰，而我對於自己過往所學，也開始愈來愈有信心了。

導師：在你讀過那麼多的書、參加靈修，且聽過我那麼多的談話之後，你的終極結論應當是什麼？應當是聽者（了知者）根本不會在意「upadhi」❷——身體、心智和意識，他與他身上的「upadhi」毫不相關。

求道者：那是否意味著「見證者」（梵sakshivan，the witness）——「見證—意識」（witness-consciousness）？

導師：你使用術語「sakshivan」（見證者），但你真正想要表達的是什麼？確實有著某種感知力，通過它你看見萬物的發生。但在那之外，還有什麼是見證之發生所必須的嗎？太陽升起，陽光普照，你是否有對此做出任何刻意的見證行動？或者你只是輕鬆不費力地就見到了這一切？因此，「見證」只是簡簡單單地發生。你所謂的那個「見

❷梵語「upadhi」是指「基質」（substratum）、有局限性的屬性。

證者」其實什麼都不需要做；「見證」純粹是自行發生的。

這份「我在」的認知降臨於你，從那以後，無論你獲取何種知識，或擁有何種經驗，或看見世間何種景致，這一切都被見證了。然而，見證之主體與被見證之物是全然分開的。在此見證過程中，在這些經驗中，你想當然地認為自己是這具身體，然後就被捲入其中。因此，無論你看見什麼或見證什麼，你的反應都是從認同於身體的角度來進行的。但實際上，真正的你並不關心所見之物，也不關心那令你能見之物。你與這兩者都毫不相關。

求道者：一個人於「家住期」（梵grihastha asrama）❸中，過著世俗的生活，天天工作、勞動、睡覺、歡笑，混同於來自五湖四海的人群裡，他可能只是純然地存在，而完全不認同於身體嗎？

導師：為我舉個例子，你認為是誰正在認同於身體？

求道者：人們通常都會把自己認同為身體，當然，他們不該這樣做。人並不是身體、意識或智力（梵buddhi；intellect）❹，人與它們是不同之物，「我」與它們是不同之物。但我確實認同於自己活在世間的這個事實，有可能不完全地認同這一點嗎？

口譯者：那個問題我已經幫你傳達。但馬哈拉吉在此問的是：「那個無法不認同的『我』究竟是什麼？」

求道者：就是馬哈拉吉談到的同一個「我」。

導師：在你和世間發生的一切之間為何會有連繫？身體與世界之間的連繫如何形成？

求道者：因為「我」被包裹在身體裡，而身體則不斷地與物質世界打交道，去接觸其他身體，無論是有生命的或無生命的。

導師：你認為是身體在進行接觸，但如果那份意識不在場的話，身體如何能跟世界接觸？究竟是什麼在促成接觸世界的發生？

求道者：「我」通過身體完成與世界的接觸。

導師：無論是何種「瑪德亞瑪」，如果意識不在場的話，哪裡還有什麼心智作為媒介的問題，或通過某個媒介進行接觸的問題？如果意識不在場的話，身體還存在嗎？世界還存在嗎？

---

❸家住期（梵grihastha asrama）：生命中做為「家長」（一家之主）的階段。根據印度傳統，在追尋靈性至臻完美的道路上，有著四個相續的生命階段（梵asramas：四行期）：梵行期（梵brahmacharya：禁欲學生期）、家住期（梵grihastha：居家而成為一家之主）、林棲期（梵vanaprastha：棄家隱居森林）和遁世期（梵sannyasa：遊方沙門、遁世者）。

❹智力（梵buddhi：intellect），又意指「深心」（deep mind）。

求道者：非常正確。

導師：那麼，把這個「存在」或意識看作是至高無上的神，然後忘掉它。即便如此，你作為這一切的了知者，依然與意識和身體是分離的。

求道者：我理解。

導師：於是你理解的那個東西，再也不會為你製造不幸了，對吧？（笑聲）

求道者：我在通過我的智力來理解的。

導師：也就是說你只能是通過自己的智力工具來理解。然而，在你的智力產生之前，存在的是什麼呢？

求道者：「阿特曼」。

導師：你知道「阿特曼」，因此，知道「阿特曼」的那個必然存在於「阿特曼」之先。

求道者：那就是智力。

導師：「阿特曼」在智力之前；你理解智力，但「阿特曼」依然存於智力之前。

求道者：我在通過智力來理解「阿特曼」的，是我的智力告訴我「阿特曼」的存在。我想要理解真我之智，由智力之智（梵buddhi-jnana）❺生真我之智。我想要的是真我之智，而非智力之智。

導師：千萬別混淆了。我們必須理解一個簡單的事實，也就是任何的體驗都只可能發生於在場的意識上。而你跟那個意識是分離的，跟發生在這意識上的經驗也是分離的。

若非有這份意識的存在，無論你稱之為「智力」、「心智」或其他，可能有任何事物的存在嗎？答案非常明顯，那是不可能的。因此，在那份意識當中，我可以看見自己的身體和世界，而且任何的活動或經驗的發生，基本上都只可能發生在這份意識的基礎上。

求道者：所以，這份意識具有思考或感覺的能力？

導師：某些事情發生在那份意識上。無論是何種活動、念頭或體驗，都只可能發生在這意識上。而你存於此意識之先，因此你既不是意識（換言之，工具或器械），也不是任何的念頭或體驗，或任何發生在這工具上的事，你跟這些完全分離。現在專注於那個。

求道者：專注於什麼？

❺智力之智（梵buddhi-jnana）：心智知識。

導師：專注於你與這些全部無關的事實。

求道者：然後你就是「那」。我知道，但通常情況下，人們都忘不了自己在身體之中。

導師：請記住，身體是由五種元素所構成；它是一個物質身體，我稱之為「食物—身體」，在其內有著意識，因此身體才具有感知力，確保各項感官能夠正常工作。因為身體當中的感官，完全是因為有了意識才能正常工作。但你跟身體和意識是分離的，這是你唯一需要記住的事情。

你所擁有的一切就是生命元氣——生命能量，而生命能量的一部分則是「阿特曼」。除此之外，你還有什麼？我總是回到同樣的東西上。除此之外，絕無他物。

〔馬哈拉吉正在和X女士展開評論；X女士的問題很多，麻煩不斷。〕

所有的困難來來去去，都只應被當成一場戲劇來觀看。當一幕演出完畢，另一幕便接著演出，劇碼不斷地交替，就如舞臺劇。而這整場戲劇和所有的演出，它們在哪裡上演？不正是在你之內嗎？如果她沒有這份意識，她可能覺知到這整齣戲的上映嗎？所以，終究而言，無論演出的是什麼，劇情如何，它們都不過是她自己意識中的活動而已。

〔那位女士曾叮囑馬哈拉吉要照顧好他自己。〕

誰應當照顧好什麼？我知道是什麼東西降臨到我的原初狀態上，而且根本沒有必要去照顧它。它只是個偶發事件，並且它會自己照顧好自己。無論發生什麼，我都不受影響。所以，再次地，誰應當照顧好什麼？我根本不會考慮要去照顧任何事物。這世界已經存在數百萬年，歷史上出現過數以千計的化身、偉大人物和重要人物。他們當中是否有任何一個能夠做出任何改變世界進程的事？

來到這個原初狀態中的任何事件都受制於時間，而原初狀態則是超越時空的。那是一個整體——一體性（Wholeness），並非真正的「一」，因為當你說「一」時，「二」立刻就產生了。

求道者：拉馬克里希那（Ramakrishna）⑥和您所說的東西是否為同一件事？

導師：我已經告訴過你，唯有一體性才是萬物的基礎本質。所有的相異性皆是後天形成的，它們只是些概念而已。所以，基本上來說，在純粹的一體性當中，如何會有罪惡、功德或任何的二元性存在呢？

你可以憑藉某物而說你已經理解，但你與它是分離的。無論你認為自己理解什麼，都不過是你意識當中的運作而已，而你與意識是分離的。所以，就你而言，無所謂「理解」或「不理解」的問題。

⑥拉馬克里希那（Ramakrishna）是十九世紀在印度孟加拉地區的一位著名的聖人。他是近代奉愛瑜伽的著名人物，主張要直接和神交談，一切所為皆是在侍奉神。

求道者：我們總是認為只要自己理解某人的教導，就等於說是已然證悟這番教導。然而，我們其實遠遠未實證到那份教導所描述的境界，我們跟原來的自己本質上並未發生改變，仍在繼續承受痛苦。

導師：那原初的創造是如何發生的？嬰兒的身體是如何被創造出來的？甚至比嬰兒的出生更早的懷孕是如何發生的？那個嬰兒自己又沒有要求出生，那他是如何降臨此世的？瞭解這個。透徹地瞭解那一小滴東西，它最終形成了一具身體，然後，你就會明白整個的奧秘，明白你不是一具身體。這具身體現在佔據了一定量的空間，但它在受孕之初時，又佔據了多大的空間？在受孕之初時，它是什麼？如果你瞭解這些，就會領悟真我的奧秘。

你把自己依附在當前的這具身體上，但卻不理解它的根，我們因而認為自己是一具身體。而為了追根溯源，我們需要冥想。什麼是「冥想」？並非這個「身體—心智」以個體性的身分在冥想，而是這份「我在」的認知（意識本身）專注於自身進行冥想。然後，這份意識就會顯露出它自身的起源。

我們的認同感發生在何物上？我們把自己認同為當前的這具身體。但這具身體瞭解它的本源嗎？如果你領悟身體的暫存性，你就不會再如此自豪於當前的這具身體了。

〔馬哈拉吉現在開始談他自己〕我的身體已太衰老，我的任務也已圓滿完成。現在你們來了，這很好，但是我的任務已經完成。我的靈魂已經準備好要離開這具身體，我很高興，我拍手！〔他開始鼓掌〕我發自內心地熱烈慶祝自己即將離世而去。

我已不再愛任何的人、事物或（執著於）使命，也不會被它們牽絆。

遺忘——那崇高的，最至高無上的遺忘——在你尚未完全驅散疑惑之前，是不會到來的。除非所有的疑惑都被連根拔起，否則不會有內心的平靜。

只要我還把自己認同為這具身體，我就會不停地想要行動，因為沒有這些行動幫忙，我無法維繫那個純粹的「我」。我甚至都無法忍受它，因為我已將自己認同於「身體—心智」，認同於各種各樣的行動了。我稱之為「個己的自我」（梵jiva-atman‧individual self），意為「被『身體—心智』所制約」，也就是那個被各式行動所佔據的真我。而真我不受「身體—心智」所制約，也不認同於「身體—心智」，因此它沒有形相，無有意向，也無名稱，它就是大我。「個己的自我」一直被你的大我默默地見證著，而只有後者才是你的真我。

求道者：那它在做什麼呢？它是在參與世間的運作嗎？

導師：大我並不參與世間的活動，但若非有它的存在（法則），任何的活動都不可能發生。就如同發生在空間（梵akash‧space）❼中的情形般，若無空間，任何的活動都不可能發生。

世間的活動全是自動自發進行的，類似於你的夢中世界，在其中發生的事件其實並無一個設計師或「作者」。然而，你還是可以充分地利用你的夢中世界。如果你繼

❼空間（梵akash‧space）：也指「蒼天」（ether）。

續把自己當成是一個個體，你就無法理解這一點。但當你顯現為遍布寰宇的意識時，當你安住於大我之靈——無形相、無分別的「我在」——之時，你就會明白事情到底是如何發生的了。

求道者：我們無法確定克里希那是否真的是由神所化身成的人。若是的話，那我們就必須重視他說的話了。

導師：克里希那說的話是完全正確的。在那個時刻，在那個特定的歷史時間點上，他的教誨是最合適的。但是那個時間點（那個歷史時段）和克里希那都已經過去了，在克里希那之內，他完成了靈性的提升，這就是他為何如此偉大的原因。

你總是在通過自己吸收到的概念來看待和理解事物。但實際上，事物（事件）的真實狀態迥異於此。你抓住概念不放，把它奉為真理，然而，無論你聽到什麼，都不會永遠有效，所有的概念都有消失的一天。那麼，當一切事物都消失了，剩下的那個才是「你」——「不是這個，不是那個」。

你總是不斷地在變化，你的狀態就是持續的變動狀態。無論你為自己保留什麼身分，都不會到永遠不變，而且隨著時間的推移，你會變得老態龍鍾。這一切當中有什麼連續性嗎？

求道者：真相是身體會朽壞，但「阿特曼」不會朽壞，它是永恆的。

求道者：您是知道這些，或在書本上讀到過這些？

求道者：我一方面有著體驗，一方面也從書本上讀到過。我正在變老，也看見過人們死去。

導師：但必須有某個「作者」來設計所有的這些活動。你利用相對粗重的四種元素（地、水、火、風），這些元素全都變動不休，整天忙著行動；而「空間」則負責為四元素的各項活動提供平台。那麼，（空間）究竟參與到何種行動當中？如果你只打算一心專注地研究你所觀察到的這個世界，那麼，你永遠也不可能到達真正想要的終點。除非你完全放下曾聽到過的一切，只是安住於真我中，否則永遠也無法理解這一切。你可以探尋為己任，不斷地鑽研這個顯相世界，不斷地研究你聽過的東西，卻無異於自尋煩惱，而最終會陷入無止境的泥沼。

當賦予具體肉身（化身）的情形發生時，令它發生的原因是什麼？它又是以何種形式發生？你所聽過的故事是……

求道者：為何不是每個人都變成克里希那呢？

導師：那個「童年」到底是什麼？那個「孩童原則」（child-principle）到底是什麼？好好地探究一下，那觸及到的一點點孩童屬性，瞭解它並實現它。你在何時遇見自己？從何時開始，如何遇見你自己？你在世上已收集無數的資訊與概念，可你還是無法探究自己。當克里希那出生時，他也觸及到一點點的「我在之感」，同樣的情況也發生在你身上。理解這一點！在你身上的那一點「我在之感」到底是什麼？在你身上的那一點孩童屬性到底是什麼？你是從何時開始知道自己的存在？通過什麼而知道自己的存在？如果你想用自己聽過的答案來回答這個問題，就永遠無法理解這一點。你知道自己過去並不存在，但現在你知道自己存在。這是如何發生的？你是怎樣變成一個人的？你本來並不存在，卻忽然就存在了。我們就是要探究清楚這件事。

求道者：我想我還是棄權吧！

導師：你只需要探尋你的真我，然後找到答案。你何時知道自己的真我？如何知道？是否有人告訴過你「你存在」？或者你只是自發地就知道自己的存在？

求道者：有人告訴過我，另外當我讀到拉馬納．馬哈希的提問：「誰是那做夢之人？誰是那熟睡之人？」那個關於「我的存在」問題就不斷地浮現於腦海中。

導師：放棄你身體的身分，你何時開始知道自己？只是專注於這一個問題。

求道者：誰是那熟睡之人？

導師：放下那個問題，因為它根本不相關。你的問題毫無價值，現在我不要你再問任何的問題。我正在把你帶向源頭，只要你知道你是什麼，我就滿意了。我想從你那裡找出答案，你是通過什麼而得知「你在」？把自己限定在此問題的範圍內，只是專注於你知道「你在」？如何知道？就待在這個問題上。你一直都在跟你從世界上收集來的各種概念打太極，一直都在跟它們交戰。這樣做有用嗎？

你知道「你在」，你如何知道？通過什麼而知道？這就是我所有教導之總和（最精華部分），能夠將你導入正軌。當你所有的問題都得到解答時，我的教導就會顯得非常容易理解。而當你理解時，你所有的問題就都會消失。這是一個惡性循環：只要你還有問題，你就聽不懂我正在說的話。

求道者：但有些問題總是不斷地冒出來。

導師：我只研究最簡單的問題：「你是什麼？」「你從何時開始存在？」「你是如何形成的？」「你是緣於什麼而形成的？」我不想回答那一堆各種各樣的問題，那些問題對我而言毫無意義。如果你喜歡我的教導，你可以留下來；否則就請隨意離開吧！

在任何真正的靈性探尋中，無論你聽到些什麼，或做過些什麼，對於到達真理實相之境而言，毫無用處。「你在」的認知已經發生，它是因為什麼而發生的？

首先，你見證到「你在」，就待在那裡，跟這個「你在」待在一起，只是靜靜地待在那裡。在這份「你在」的幫助下，你開始見證整個世界。如果你尚未見證到「你在」，那麼你也不會見證到世界的存在。

當你不知道自己存在時，人們也就不會知道你的存在，於是他們會把你送去火化。只要你還知道自己存在，人們就會尊重你，把你當成個人物；當你不知道自己存在時，人們就會把你送出去處理掉。就待在那裡別動，你必須只是臨在於那裡，臨在於「你在」的那個點上，擺脫所有的概念、所有的傳聞。當你認出並瞭解「你在」的真知時，你將會知道什麼是「克里希那」。化身有如走馬燈，來來去去，但當你理解了自己，你就會實證到所有的化身。

因為你知道自己存在，所以你知道世界存在，還知道上帝存在。但如果你不知道自己存在，那麼，世界會在何方？神又會在何處？

一直有如此眾多的化身，現在你知道自己的存在。那個「你在」是神聖的法則，因為所有的化身皆緣於它。很多人到這裡來，但很少有人在聽完我的講話之後，會更加接近真我；很少有人能理解我真正在說什麼。但那少數聽懂的人，一旦真的明白我所說的話，將會更加接近真我，走近那個真正的聽者。那些真正明白的人，將會安住於他們的真我之中。

你在出生之前，並不認識自己的父母，父母也不認識你。有鑑於此，那份「我在」的認知如何從這個特殊的情形中生發出來？那個令人驚訝的事情到底是什麼？我再次地提出同樣的問題。父母並不認識這個孩童，孩童在出生前也並不認識自己的父母。但現在孩童說「我在這裡」，這是如何發生的？

這件事情本身就是最偉大的奇蹟——我領受到了「我在」的消息。你是否有懷疑過自己的存在？

求道者：沒有，那是不證自明的。

導師：在知道你的存在之前，你還有其他什麼知識嗎？在這點上你還能提出什麼問題嗎？你是如何知道的？

「冥想」意味著有個目標，你想要考量某物，你就「是」那一物。你，只是存在，只是純然存在（「我在」）。你冥想於某物，你自己就是「我在」的這份認知。就只待在那裡，在這個點上你怎麼可能問任何的問題？因為那就是一切知識的起點。

求道者：在到達目標之前都別提問，但當人到達目標，問題就消失了。

導師：這正是我要告訴你的。你知道「你在」是一個非常偉大的奇蹟。這種類型的談話，是別的地方沒有的。那最為根源處，這份哲學的誕生之地，沒人會闡述它的奧秘。他們只會告訴你去崇拜某個神，之後你就會得到神的祝福——你會以某種方式得到某種益處，做這個你就會得到利益。

每個人終會生出想要理解真理的強烈渴望。但如果你選擇的方向錯誤，一頭鑽進這個客觀的（objective）❽世界裡做研究，你就會被世界抓住，然後永遠也無法到達目標。

你可以去學習研究羅摩、克里希那、基督等人所有的歷史，但你還是無法了悟實相，你永遠都無法獲得滿足。只有當你了悟真我之後，只有當你擁有了第一手經驗，切身親證到「在」的奧秘之後，你才能擁有那份和平與寧靜。你知道「你在」，你是如何成為你所「存在」的？因為什麼而「你在」？你的存在之因是什麼？把答案找出來。

❽此處就是指「客體」世界、外在世界。

你當前的資產是你讀過的書本——你聽聞和學習而得來的一切。但那種投資在靈性的領域內毫無價值，根本派不上用場。

就如我告訴你的那般，安住於真我中，成為你的真實存在，只有這樣你才能找到和平與寧靜。

求道者：所以，我不應該提問？

導師：是的，別問任何問題，只是成為你所「是」。就如我告訴你的那般，當你安住於自己的真我中時，你所有的問題都會為「你在」的真知所消融。

「梵」超越所有的限制，它無處不在，遍布寰宇，豐盛無盡。如果沒有「你在」的認知，世界在哪裡呢？神又在哪裡呢？

通過閱讀各種書籍以及聽聞一切事，你仍無法成為「偉大的靈魂」（梵mahatma；great soul），而只有通過「我在」的真知，你才可能超凡成聖。別專注在身體上，就是因為這具身體，你才稱自己為男人或女人。只是專注在「我在」的真知上，去除身體的感覺——超越所有的名稱、形相和意圖。當然，為了在世俗中的正常運作，你確實需要用到名稱、形相和意圖。

你很幸運，對別人我不會向對你那樣詳細地闡釋這些道理。對於他們，我只會說：「你就是『你』——『你在』的真知。」請只接受這一點，然後你就可以上路了。

不用冥想任何人、神或聖人，而且別把那份「你在」的真知跟身體混為一談。我不會告訴人們超過他們需求的道理，而且一般也不會詳盡地闡釋。因為你父母的結合，所以現在你在這裡。「你在」的真知無名亦無形，它只是純粹的「你在」的真知。名稱與形相只對世界有用，目前你受到名稱的限制，名字就等於是「我自己」了。而為了這個名字，你還拿出一具身體來作掩飾。捨棄這個加在你身上的名字，然後告訴我你的真名。你若是不聽任何人所說的話，你還有什麼名字呢？

求道者：無名！

導師：同樣地，你接受這具身體作為你的身分。現在，放下你身體的身分，靜靜地坐著。就如丟棄一件衣服般，捨棄這個身體，同時也捨棄名字的身分。現在你來為我談談你自己，無論此刻的你是什麼，那就是最切合的——最切合於那個「你在」的最偉大法則，對於它你根本無法進行描述，但是「你在」。

你有問題要問嗎？當我遇到某位合格的提問者、求道者時，我就會侃侃而談。但若是遇到那些問出各種各樣不相干問題的人，我只能是舉手投降。

只要你能夠愈發地親近自己，愈發地了悟真我，你的話就是對的。對於「我在」（令人喜愛的原則）的真知之愛，就是「我在」的真知本身，難道不是嗎？那個真我——「我在」的真知，對於真我有著無盡的愛，且只愛真我。然而，一旦真我或真我之愛跟身體連繫在一起，不幸就發生了。

求道者：一個人應當證悟到「純粹的我」（I-ness），是嗎？

導師：是的，但是你如何能夠證悟到「純粹的我」，除非你已完全實證到「我在」只是純然「我在」？你必須有著堅定的確信，「我在」僅僅只是「我在」，沒有任何「身體─心智」的形相──只是純然「我在」的真知。

求道者：我正在試著這樣做，練習它。

導師：當你說你正在作練習時，就意味著你正在逐步加強你的確信之感。你正在不斷地驗證自己對它的確信。你還需要其他的什麼練習嗎？

求道者：還需要其他的嗎？還有其他的技巧嗎？

導師：那本身就是技巧，因為它所以世界存在。所謂的「男人」或「女人」不過是身體形相的稱謂罷了，不能被用來指稱「阿特曼」──真我。

求道者：我理解這個。它每天都在被完美地闡釋著，我們也從書本上閱讀到它，我們理解它，這就是我為何會來這裡的原因。

導師：這些話你都說了，但你的知識是否有開始進入到「我在」的真知領域？

求道者：沒有。

導師：對於剛才你說的那些東西，你必須擁有絕對的信心。那就是真理，那就是「我在」。除了「我在」的技巧以外，沒有任何技巧。堅定不移地相信「我在」就只是意味著「我在」，安住於「我」中。

求道者：我正在試著這樣做，我想來這裡的每個人都在試著這樣做。

導師：如果某位導師真的是智者（他已然了悟真我），你就應當安住於他之內。當這樣的導師指導或引領學生時，就無須任何的靈性技巧了。阿周那當時根本未做任何的靈修，所有的軍隊都在戰場上，戰馬都準備好向敵軍衝鋒，哪裡有時間讓阿周那作練習？他只是聽著克里希那的講話，並全然地接受，而這就足夠他證悟了。阿周那是因其正確的態度而證悟的，同時也因為他的導師，克里希那是個真正的證悟者。

所以，不用練習這個東西，只是建立你的信心就好了。

這類的冥想你需要練習多長的時間？你只需要做到信心穩固——我就是「我在」的真知——即可。到了這個階段，你的個體性就會完全消失，不再有任何的人格屬性。那時，「你」就是神性在此世間的完全彰顯。在你失去個體性的地方，神性的合一得以顯現。

對於一個證悟的聖人而言，沒有所謂的進入三摩地或從中脫離的問題。只要那個所謂的「聖人」尚未全然地安住於那種狀態中，安住於真我之中，那麼他就不得不繼續練習一時進入三摩地，一時又從中脫離。

求道者：「聖人」這個詞，你指的是「個體」？

導師：求道者。一般情況下此處會用「sadhaka」（靈修者）❾一詞，也會用「mumukshi」（渴望解脫者）一詞。「渴望解脫者」的境界要低一點，意指「傾向於靈性」（inclined to spirituality）。「靈修者」則意味著某人已經不再把自己當成是「身體—心智」了，他只將自己認同於神性的彰顯。

❾靈修者（梵sadhaka）：追求靈性者。

第六章　你能夠忘記的一切，都不可能是永恆的

一九八〇年七月七、八日

求道者：你是否能告訴我如何一步步地做，讓自己漸趨於證悟？

導師：為何人們必須作練習？又是為了何種目的作練習？

求道者：難道無須作練習嗎？

導師：只要你還認同於自己的身體，你就必然是困惑的。甚至連你提出的要做什麼的問題，其出發點依然是你與身體的連繫。作為一個個體，關心著這具身體：「我要做點什麼呢？」——這其實就是你的問題。只要你還認同於這具身體，你的困惑就會繼續。

求道者：是的，從理性上來講是很清晰的。但當一個證悟者說每個人都已經證悟，那就意味著我也已經證悟，但是我並未感覺到自己已證悟。

導師：那個說「我並未感覺到自己已證悟」的人，再次地把自己認同為一具身體。

求道者：那我就無法表達我的感覺了。

導師：難道它不是已經在這裡了嗎？而且你一直在使用它？若是沒有這個意識，你根本就不可能思考或去做任何事。所以，你正在使用的那個東西已經在這裡了。

沒有其他的練習需要做，除了理解這一點（也就是確信無疑地告訴自己）：它是關於「你在」的真知，其本身就是真知，而不是你站在個體性的角度來使用的知識。所以，這個真知本身是獨立的存有，它必須保持純淨的真知狀態；而（身體的）你還必須跟它劃清界線。這份關於「你在」的認知錯誤地認同於身體，所以你也就把自己當成一具身體。然而，你就是「真知」，要強化自己的信念——我是真知，我是「存在」，並不是一具身體。

求道者：要如何才能做到呢？

導師：通過冥想來做到。「冥想」意味著真知必須保持於對真知的冥想裡。現在，什麼是「冥想」？「冥想」就是「我在」的真知停留在那份真知當中。

你有著清醒狀態、沉睡狀態，以及「你在」的真知。我存在，我知道我存在。除了這份「我在」的真知之外，你還有什麼其他的資本？

求道者：我覺得它的重要性在於其他的一切都在不斷地改變。

導師：你能夠把自己的問題奠基於何物之上？你所唯一擁有之物，就是這份認知——你存在。除此以外，你還有什麼其他的認知？

求道者：沒有認知，沒有其他的認知。

導師：因此，就待在這份認知當中，別想當然爾地認為自己是行動的主體。這就是你在這階段能做的事，請保持在這個範圍以內。你所有的問題都源於身體與心智，而你必須與這兩者保持距離。這就是所有的訊息，靜靜地待在那裡面。如果你能夠接受這樣的訊息，你就可以來這裡，因為你在這裡會不斷地聽到類似的話。但如果這些話對你而言難以接受，那就別再浪費時間了。

在靈修的道路上，你是否有做過什麼工作？是否閱讀過什麼書籍或做過任何事？是否去過任何地方？

求道者：是的，我是在一九六〇年開始對靈修感興趣。那時，我遇見了斯瓦米·梅農（Swami Menon）〔此處提到的可能是室利·克里希那·梅農（Sri Krishna Menon），或被世人稱為室利·阿特曼南達（Sri Atmananda）〕，還去聽了他的演講。我另外還常去拉馬納道院（Ramanasramam）①，因為您的書就是室利·佳尼森（Sri Ganesan）在那裡給我的。

導師：你讀過拉馬納·馬哈希的書？還讀過兩卷本的《我是那》？

①拉馬納道院（Ramanasramam）：圍繞著拉馬納·馬哈希所在地逐漸擴展而建立的修道院。

求道者：經常讀拉馬納．馬哈希和您的書。

導師：拉馬納．馬哈希和我書中的觀點彼此一致嗎？

求道者：絕對一致。不過拉馬納．馬哈希的談話，距離感比較強，讓人有點敬畏。而您則是捏著人的鼻子跟人說話，讓人更容易吸收。

導師：那麼，你對於自己的真實本質，已有很清晰的認知嗎？

求道者：從文字的角度，是的。

導師：哪怕你只是從文字的角度接受它，那都已經很多了。是誰在接受那文字所傳遞的道理？那個接受文字所傳遞的道理的傢伙，難道那法則沒有和文字分離嗎？

求道者：我還只是一個擁有過去記憶的人，而我想要超越它。

導師：是什麼讓你認為自己是個人的？是你對於身體的認同。這個個體性的人格能夠持續嗎？它只能持續與身體的認同等長的時間。然而，一旦你有了強烈的確信，確信你不是一具身體，那麼，那個個體性就會被丟棄。這是件最簡單不過的事，只要你確信自己不是這具身體，那麼，你就會自動地、即刻地成為（神性的）整體顯現。一旦你離開自己的個體性，就會成為顯化的整體性，但是你的真實本質甚至都不是這個顯化的整體性。只要你還認同於身體，你就相當於是在整體顯化當中挑選出來了一部分作為你的個體性。

當個體性不存在，那麼，是誰在冥想呢？沒有個體性的冥想又是什麼呢？當個體性消失時，又是誰在冥想什麼？人們總是非常自由地談及「冥想」，但他們究竟在做什麼？他們是在運用自己的意識專注於某物上。冥想是這份真知，這份「我在」的意識，冥想於它自己之上，並且根本不想任何自己之外的事。

求道者：冥想它自己……

導師：真知是無形的，在任何情況下都沒有形相。

求道者：所以，那就是當「我在」轉過身來向內看自己，但如此的話，它又會具備形相了，因為我就是這樣對自己做的。

導師：當你說你必須坐下來冥想時，第一件需要理解的事是，並非這份身體的認同感正在坐著冥想，而是這份「我在」的真知，這份意識正在坐著冥想，並冥想於自身。當堅定不移地理解這一點之後，事情就會變得很簡單。當這份意識臨在（融入其自身）時，三摩地的狀態就會出現。當這個心智（梵mana buddhi）❷、心（梵citta）❸，或無論你將它稱為什麼，當它融入那種狀態時，甚至連「我正在冥想」的認知都會消失，這份認知也會融入那種狀態裡。換句話說，那種「我存在」的概念性感覺此刻

❷心智（梵mana buddhi）：散亂的心智；理智。
❸心（梵citta）：宇宙意識；真我（the self）。

也消失了，而融入「存在」本身當中。所以，那份意識的臨在也融入於真知——「存在」，那就是三摩地。

這份真知將會展開它自己，然後它會知曉一切（萬事萬物）的動靜，並開始知曉它自身。那麼，最終會發生什麼？最終就只剩下意識的臨在。也就是說，只有意識的臨在，不是「我」或「你」，也不是任何事物。我重複一遍：它只是全然（整體性）臨在——不是「你」、「我」或任何個體。

這份意識在身體之內，因此誤把自己認同為一具身體，逐漸地領悟到它自己的真實本質，也就是說，它只是意識的臨在，無有任何的個體屬性。最終，它會把自己認同為整體顯相的意識臨在，於是所有的個體性都消失了。如此一來，那份自我中心（站在個體的以及與個體認同的角度）最終就變成真我之智，變成意識的臨在。

你對此要做任何的評論嗎？當你提問時，別站在你是「身體—心智」的角度（基礎上）提問，而是要把自己看作是意識的臨在，然後再提問。

求道者：我感覺您是站在超越性的角度為我們描述「冥想」的兩個方面。首先是這份專注——意識開始向內專注於它自身，專注於「我在」之感；然後，從此角度（而且也只能是從此角度），這個有意識的存有方能觀察到自己已經認同於什麼，然後把自己從所有的這些錯誤的認同中解脫出來。

有時當我冥想時，會碰見這樣的情況，就是從我的身體當中，某些強而有力的勢能被釋放出來，有時會四處衝撞；在另外的一些情況下，我會產生靈視或經歷超自然的體驗。而就我理解您的話來看，人若是碰上我剛才說的那些情形，他只需要堅守住那份「我在」之感，試著觀察當下發生的一切，即便那些勢能和體驗可能會非常強烈地影響到臨在之感。

導師：的確是如此，但你必須理解，其實你並未在作見證。你清晨打坐時，無論發生什麼，或產生靈視，你只需要看著它們，但同時要理解，「你」並未正在看著它們，並不存在一個所謂的「你」的實體正在見證著它們；見證是自動發生的。所以，只是待在你的冥想裡，見證自動就會發生，無論需要被見證的物件是什麼，而且別讓自己涉入於見證裡。外面陽光普照，我們看見明媚的陽光，但是我們並無必要鄭重聲明：「啊，我看見了陽光！」所以，「我們」並未行見證之事，見證是自動發生的。

求道者：過去的幾年中，在美國發生了一件有趣的事情，（靈性導師們）開始非常看重帶給人們身體方面的訊息和功課，說明人們主動地從身體中釋放出生命能量流。我覺得這只是純技術方面的事，遲早這些老東西都會再回來的。但當我們按照馬哈拉吉的教誨而敞開自己時，我們自然地就會感覺到身體當中所有的那些小緊繃自然地放鬆了。我覺得這是他傳遞給我們的靈性教導所附帶的一個小福利，但同時也非常地重要。

口譯者：馬哈拉吉最近沒有足夠的體力來談論那方面的事。當人們練習「虔誠」時，他們向著上帝練習「虔誠」，但實際上這份虔誠是獻給生命能量的。這些瑜伽士們所做的事，就是把自己的時間奉獻給生命能量。

求道者：他的意思是否說通過生命能量在整個脈輪（梵chakra）❹系統中的運作，以及通過所有的這些練習，是為了操控脊柱以期引發不同的功效？

導師：生命能量是最重要的事。無論你為靈修賦予何種名字，究竟而言，所有的這些努力其實全都只是奉獻給生命能量，因為若無生命能量，就不會有任何的存在，也不會有意識。所以，生命能量是最為重要的。任何時候，只要生命能量在場，那個「我」的意識——「我在」的認知，也會在場。

然後，就會生出那四種語。「帕拉」和「帕香提」意指「存在」；而所有的行動皆是通過「瑪德亞瑪」和「外凱利」而發生的。「瑪德亞瑪」意指「思想」，而「外凱利」則是表達出來的言語，從嘴裡最終說出來的話語。

人們被導向他物，卻無人告訴他們這個出生法則——「純質」，這個出生法則含藏一切。所有的這四種語以及其他的一切，都包含在其中。不僅如此，整個宇宙，每樣出現在世界上的東西，都包含在這個出生法則當中，這就是為何我會如此強調你們要找到它並探尋其本質的原因。很少有人會注意到出生法則，因為他們不知它的重要性。萬事萬物的存在，整個世界的存在，皆是緣於出生法則，世界的所有知識也含藏於其中。百萬人中方有一位能夠了悟何為出生法則。而一旦你領悟它，一切事物、所有知識，全都會歸你所有，甚至連解脫也唾手可得。

接著就是在子宮裡的九個月時光了。子宮含藏了什麼？那是「我在」的真知處於休眠的狀態，生命則在緩慢地被建立。所以，萬物皆含藏於此出生法則之內。

口譯者：對於那些動不動就批評，但其實卻一無所知的人，或者那些自認為所知甚多的人，馬哈拉吉會開玩笑地說：「你從子宮裡出來的速度太慢了。」所以，「萬事萬物、一切知識，都包含在那個子宮裡。」他說道。

他發現自己的身體裡有了一些變化——一些非常奇特的變化。例如，當你檢查他的脈搏時，你會感受到一些內在的力量。這些事是如何發生的呢？他說疾病都是為出生法則準備的，而他卻是出生法則的見證者。所以，他不受任何疾病的影響，因為他從未出生，所以他也不可能死亡。他只是見證著所有的事，只是出生法則的見證者，至於這些疾病，「就全交給出生法則好了。」他說道，「成為它的了知者。」因此，這些疾病只對出生法則起作用。疾病產生，而它究竟的功效不過是滅絕那份出生法則而已。他說：「但我並不是出生法則。」因此，他根本不關心疾病。

認出它是什麼，而為了認出它來，你就必須跟隨他的方法。他告訴過你，你的意識就是神。所以一旦你理解自己是意識，而非這具身體，那麼，你就安穩地住在（或定居在）神的子宮裡了。當你到了那裡，就會明白它是什麼。在此之前，你都不會明白它是什麼。所以，他會說：「這麼多的人來來去去，卻無人真正地認出它來。」求道者來到這裡，見到馬哈拉吉，並和他聊聊天，然後就說自己準備跟隨他。最終，他們會認識到自己就是「梵」。「但他們還是不認識『我』。」他說道。知道「梵」的那個了知者，他們卻不認識。

❹脈輪（梵chakra）：心靈中心，字義為「輪」（wheel）。

你依然是待在意識的領域內，而你必須超越意識才能認識它。

「疾病的功效就是讓那份出生的記憶最終消失，我不受其影響。」他說道。只要那點殘存的墨水還在，就會繼續去記錄；此道理也適用於這個因果之身。當墨水用盡，這個因果之身也就不成為問題了。

他說，在前來拜訪他的人群當中，有些無疑地是證悟者。他們都是智者，卻不是梵智者（梵Brahmajnani）❺。他們安住於意識中，已經了悟神性（godhead），知道自己就是神，卻無法超越過去。梵語「brh」❻意為「世界」（world），「aham」意為「我」（I）、「我在」（I am）。所以將「世界」與「我在」連繫在一起——「我就是世界」（I am the world），那就是「梵」。

他已經喋喋不休地說了整整四十二年，現在他已經不太想說話了。儘管人們會聽他說的話，但他們卻無法去除自己的概念，所以，仍住在概念的陷阱裡。為了真正的理解他所說的話，你必須崇拜生命能量，這份冥想是必不可少的。

導師：但凡聲音出現，肯定就有某物會對此聲音的出現負責。現在世界已經在眼前，那麼必須有某物為此世界的顯現負責，而這個責任人就是意識。因為有了意識，所以有了世界。現在你能說是誰的臨在會帶來永恆的真理——絕對的法則？第四境（梵turiya）❼意指「意識之所在」。而了悟第四境者即稱為「超越第四境」（梵turiyatita），那就是我的境界。「第四境」還是在意識之內，是五種元素的產物；而了知「第四境」者即是「超越第四境」者。為了能安住於「第四境」中，你必須了悟出生法則。

求道者：「第四境」常被描述為見證狀態，它能一眼望穿清醒、作夢和睡眠狀態。而「turiyatita」則甚至超越了「第四境」。

導師：那個被稱為「出生」的東西——出生法則本身，就是「第四境」。你體驗到你的存在本身就是「第四境」。

在這一刻，無論你是什麼，它的法則總有個起點。它必須是從某處生發出來的，那個生發點可以是任何的神、克里希那、羅摩或任何人。但是它必須有一個生發點，若無出生法則，那裡還有什麼呢？

口譯者：如你所知，馬哈拉吉毫不留情。他從不放過任何人，他總是有話直說。

求道者：告訴他，我非常清楚這一點，我昨天已經跟一位朋友見識到了。

口譯者：他說他之所以能夠如此說話，是因為他對於無論什麼是「是」或「不是」的各方面都毫無疑惑，這就是為何他的談話風格會如此的原因，沒有任何「或許」、「假如」之類的東西。

求道者：所以，他肯定會感覺非常沮喪，看見來這裡的人們盲目且頑固地執著在某些

❺梵智者（梵Brahmajnani）：實證進入「梵」之境界者；具備神聖全知者。
❻世界（梵brh-：world）：字義為「膨脹」（to swell）、「增長」（increase）、「創造」（create）。
❼第四境（梵turiya）：超越清醒、作夢、沉睡之境。

概念上，以為只需要適當地操控概念一番就能找到答案。

導師：過去有許多聖人都實證過他們已經戰勝心智。例如，有位非常偉大的聖人米拉拜（Mirabai），她的丈夫給她下毒，但她卻毫髮無傷。

還有關於另一位聖人的故事。這位聖人生病了，而且長期不吃藥，他所有的弟子都很擔憂。於是他們告訴他：「你必須吃藥。」他回答道：「把你們的藥全部帶來吧！」然後，他就把那一大堆藥全都吞進了肚子。於是弟子們又開始擔心，但結果什麼事也沒發生。所以，這也是一個戰勝心智的案例。

戰勝心智是一方面，更佳的表達方式應當是安住於真我之中，對於你的真實本性確信不疑。

這些聖人的一個共通特性是，他們知道自己是什麼，他們把自己認同於大我。所以，若是有人告訴他們關於出生、死亡、疾病等等事情，他們根本不會接納，也不會相信那些東西，因為他們對於自己真正是什麼確定無疑。

求道者：您這樣說會讓我失業的！等我回家後，我就會告訴來找我看病的病人說：「疾病全在你的腦子裡！」

導師：在我所聽過的所有言論中，我唯一接受的一句話是來自於我的導師：「我就是『梵』。」這是對我而言唯一能夠接受的言論。

有個人從巴羅達（Baroda）而來，他給了我一些數字，然後說：「你會一夜之間成為一個百萬富翁。」我說：「別給我這些，你可以把這些東西給在座的其他人。因為明天，你又會以同樣的方式告訴我，我會死去。所以，如果我可能成為一個百萬富翁的話，我也可能死去。這些對我而言都不具任何價值。」有很多人來過這裡，包括很多的醫生，他們對我說了許多話，而我只是看著他們，然後忽略掉他們告訴我的一切。

我們將「我們」作為概念，接受了它們並將之轉化成為自己的概念，所以，再要拒絕它們就變得很困難了。我並不是父母的產物，他們並未創造我，我是自動自發地出現的。就你的情形而言，你可能會認為是父母給了你這雙眼睛，給了你這個鼻子、嘴巴……只有我在出生之前就已有的資訊，才是唯一正確的資訊，那份真知就是超梵。出生之後的是「超我」（梵chetanaparabrahman）——顯化的「梵」或意識之「梵」。

我是那個永恆的法則，哪怕宇宙被消融了無數次，於我卻絲毫無損。

這個「我在」的概念在你所謂的「出生」之前並不存在。所以，雖然它已經出現於此，卻終將消失。我怎麼會受其影響呢？它完全影響不到我，因為它不是真實的，而這一點適用於所有的概念。在出生之前、出生以後，無論我所擁有的知識是什麼，只要它是我自己的，而不是從別人那裡聽來的，那就是我所接受的唯一的真正知識，而我導師的話語就是它的證據。

我會告訴人們正確的事，我無須閱讀《吠陀經》（*Vedas*）來學習我所傳遞的教導，但在我所謂的「出生」之前，已經擁有的那些知識，我發現《吠陀經》中的教導可與之互為印證。

在這個世界上，人們已經習慣四處向人請教，無論它是世俗的知識或靈性的教導。於是他們從別人那裡請教來一堆知識，並試著據此而活，但那些知識並非他們自己所本有。人們被教育，並全然接受，但沒人會注意那些他們本「是」的，在接受任何教育之前就已「是」的東西。所有你能夠忘記的，就不可能是永恆的，也不可能是真理。這就是為何你無法忘記自己的真實狀態，也無法憶起它的原因。無論你忘記了什麼，那都不可能是真理，請永遠記住這一點。

人們來這裡提問，但他們的問題奠基於什麼樣的知識？他們是否已經知道自己，哪怕只是一點點？他們有什麼真正的知識嗎？他們不過是在反芻自己所閱讀、聽聞的或被教導的東西罷了！

我們會把自己認同於被賦予的名字。而名字是什麼？不過是我們父母腦海中的靈光乍現罷了！但我們是如此地執著於那個名字，總是堅持不懈地帶著它在世間行動，而那個名字只不過是個偶然。他們的腦海裡突發奇想，結果我就有了一個名字，而且在這個偶然事件當中，我開始成形。

在現場的這位女士經常向她丈夫轉述於此間所學的內容，但今天我們這裡談到的內容，她轉述起來就會很費勁了，因為這份真知超越語言、文字。你如何能夠將它轉化成語言？

在一般情況下，念頭之流連綿不絕，這個念頭之流對你有何用處嗎？在所有的這些念頭中，只揀選那些對你有用的。有時，我會命令念頭離開：「我不想跟你有任何關連。」只有不到千分之一的人會懷疑，這些川流不息的念頭，到底有何用處？

求道者：很少人會停下來反思念頭。

導師：當念頭沒有消費者時，它就會消失，就沒有念頭了。

求道者：但當您為我們講課時，您的思想卻是如此清晰，意義明確。真是矛盾啊！

導師：我不信任何宗教，包括印度教。

當你剛來到這裡時，請先只是聆聽，試著理解。哪怕心中有問題生起，也請先別發問——只是聆聽。因為我將要談論的是那股力量，它看上去像是個體性的力量，但其實整個世界的運作皆奠基於其上。這可能不太容易理解，但我現在所處的階段已經無法再去兼顧所有的細節，把凡事都解釋得清清楚楚了。所以，試著去理解我說的話，若是實在理解不了，那就順其自然吧！

我將要談到的這個力量，它一方面住在身體裡，但另一方面它卻是整個宇宙的存在與維繫之根。在我身體裡的這個東西，也在所有人的身體裡。但所有的人都只關心這具與他相伴的「屍體」，而不是藏於這具屍體內的某物。無論世間有何巨變，那都是這股力量內部的某種運動，因為它正是維繫世界運作的力量。而無論發生什麼事，那都是這個意識內部的變動。因為我們會把自己跟事件連繫在一起，所以才會感到不開心。而我看事情的角度是不同的，我是站在「絕對」的角度看問題的。

你的疑問又是什麼呢？

求道者：是的，這股力量與個人無關，而確實無人能控制或操控它。我們大部分西方人會認為自己有能力控制它，而這正是最大的幻覺。有時，事情會按照我們想要的方向發展，但其他時候，事情的發展卻迥異於你所認定的正確和合適的方向。

導師：正在發生的事注定會發生，會有一系列的事件，而劇本則早已寫好，事件的發生都是依照這個劇本在演出。如果我們把自己認同於各類事情，我們就會有希望與期待。如果事情如願地發生，我們就會感到高興；如果事與願違，我們就感到煩惱。所以，如果我們還堅守著這樣的態度不變的話，就會不斷地開心又煩惱，煩惱又開心，無盡地繞圈子。然而，只要我們開始站在正確的角度來看待事情，如果我們理解自己所能做的不過是確保見證的發生，至於究竟發生什麼樣的事件，則完全獨立於我們的想法之外，那麼，狀態就會不一樣了。從個人的角度來說，並無所謂的「意志力」，事情都是自行發生的。當看清楚這一點，你的心智就會平靜了。

無論人們在抱怨什麼，五種元素是不會抱怨的。那麼，為何發生在五種元素身上的事會令人感覺煩惱呢？如果無論人們如何想、如何做（或不做），五種元素都不會為之而感覺煩惱，那麼，為何你身為五種元素之源，作為五種元素的依靠，卻還會為那些想法和事情而煩惱？又為何要把這些想法和事情放在心上呢？

前陣子，我曾向你建議過，從上主克里希那的角度來讀《薄伽梵歌》，而別從阿周那的角度來讀。現在，即使當你在如此閱讀時，你還必須理解我所謂的「上主克里希那」究竟意指什麼。我所謂的「上主克里希那」並不是指那個作為個體的人，而是指在你之內的那點意識——那份「我在」、那份「我在之感」。那就是上主克里希那，也即是「我在之感」，而你需要從這個角度來讀《薄伽梵歌》。對任何人而言，若無那份上主克里希那意識，可能還有任何的神存在，或任何的事物存在嗎？

求道者：沒有，我認為沒有。

導師：一旦你清楚地理解這一點，那就是了，再也不需要去做任何事。而任何人無論繼續在做著什麼，或自認為在做著什麼，他其實純粹只是一個概念而已，而這份概念即建構在他對自己所固執的某種自我形相上。只要他還依據這份自我形相而行動，他就會遇到各式各樣的煩惱。無論發生什麼，都不過是那個意識內部的某種活動而已。一旦你領悟這一點，你就徹底無事可做了——你無須做任何事，也不能做任何事。

求道者：但還是會有一點矛盾，就是當某個人開始考慮追求靈性生命時，他將不得不做出某些抉擇，幫助他將世俗活動最小化，或至少是經濟化，好讓他騰出更多的時間來走靈修之路。這當中還是有點緊迫感的，或許是因為依舊受制於個人性的幻相吧！但如果覺悟的狀態就是如此被動地見證一切，那上述的那些抉擇是如何完成的呢？我們又如何能將這些抉擇付諸實踐呢？

導師：只有你對自己所固執的那個自我概念，才是真正的決斷者。無論他是個大人物、重要人物或小人物，無論他決定什麼，或認為自己決定了什麼，都純粹只是個概念而已。也就是說，這個作為客體的個人認為自己能夠決斷，但實際上並無任何客體能夠決斷。如果他不瞭解這一點，那麼，這整件事情就都只是概念性的。我們需要瞭解，「身體—心智」的複合體只是一個客體、一個現象，並無任何現象可以（真正地）行動。所以，這個概念正與你的「身體—心智」複合體深深地糾纏在一起。

你永遠都無法理解自己的真實本性，因為這項工作需要你的感知中心發生改變。如果你的感知中心依然是一個現象，那麼，無論你往哪個方向看，那個「觀看」本身仍然源自於現象的中心。所以，除非感知中心變換成為本體本身，否則你將永遠無法了知自己的真實本性。

是誰決定我是一具身體？那純粹是個概念罷了！而這個概念當然是存在於心智層面。所以，「我是一具身體」僅僅只是一個概念而已。同樣地，無論發生何種行動，皆是這具身體所為，而這也不過是一個概念而已。換句話說，一直以來都存在著這種類型的「客體化」（objectivization），某個概念把「我」固著在了這個客體（這具身體）上。從此以後，這個概念會說：「無論這具身體做了什麼，全是我之所為。」然而，一旦理解這個概念，也就是說，一旦客體被認定為客體，錯誤被認定為錯誤，那時你就能站在主體的立場上看問題了。❽而一旦你站在主體的立場上，客體就消失了。然後，你就會把所有發生的事皆看成是某種條件下的偶發事件，而你與這些事情完全無關，你只是見證著它的發生。

我是一具身體，以及我是一個個體的人，意味著我會受到時間的限制，在這當中有著對於時間的衡量。那個概念會說「我是一具身體」，它同樣也會說「我被生下來，並且會死」。是誰說「我會死」？這只是概念說的。一旦你與概念劃清界線，主體的世界裡根本就沒有時間。對於主體而言，時空概念根本就不存在。

我重複一遍，這個概念不但會說「我是一具身體」，而且它還清楚地意識到自己受時間的制約；因此，它會說「我會死」。但是那個知道概念的（主體）不受時間制約，他跟概念完全無關。身體會死去，這意味著什麼？這只是意味著那個「我在」的想法——那個概念——消失了。而對於了知這整件事的人而言，什麼事都沒有發生。

當人了知「我在」其實只是個概念，而且這個概念注定會消失時，他將不會再經驗到出生與死亡、幸福與煩惱。

求道者：您說的是，我們都受制於這股力量，而且我們無法對抗這股力量；因為它其實只是我們心智中的一個概念而已，它無法弄假成真。是的，在某種意義上，從我們到您這裡來的角度看，一個人的覺悟似乎很難說是他個人的自主行為。

導師：整個的靈性探索或追尋——其實並無真正所謂的「追尋」，但我們在此為了交流之故，還是用這個詞彙吧！就是要理解概念只是概念，虛假只是虛假。其實沒有任何東西需要被獲得。

我是神、基督、阿拉、穆罕默德或無論什麼，依然奠基於「我在」的概念基礎上。因為除非你放棄這個概念，否則無論你在其上建構什麼，都只是夢幻泡影。所

❽此處的主體不應當被理解成為一般意義上的「作者」（doer），或個人性的「實體」（entity），因為馬哈拉吉在此處使用這個詞，並無時空方位等等的聚焦或特指。在表達本體的連接方面，擺脫通常指代關係的術語「主體」（subjectivity），成為馬哈拉吉的不二之選。

以，究竟而言，只有當這個「我在之感」本身消失，你才能擺脫概念的糾纏。只要那個基本概念「我在」還在，那些概念的元素就無法去除。這個概念本身喜歡給自己賦予各式名稱，但名目雖各異，本質卻相同，依然是那同一個概念。

若無這個最基本的「我在」概念，世界和神在哪裡？自在天、基督、阿拉和任何人又在哪裡？在此「我在」概念降臨於你之前，你是幸福的或煩惱的？你是否有任何的幸福或煩惱之感？你是否有任何的二元性感受？

求道者：我不知道。

導師：我沒有任何的幸福或不幸的體驗，因為這個「我在」的概念還沒來呢！

求道者：但我甚至都覺察不到這個事實。

導師：任何可能的事物、感受或思想，只有當這個基本的「我在之感」存在時，方能到來。若是連這基本的「我在之感」都缺席，那麼，是「誰」在知曉，又是「誰」在覺知呢？連存在感本身都不會存在。若是「我在」（我存在）的這份感受、概念本身都不在場，那麼，還有誰會在那裡感受、覺知？誰會在那裡保持意識呢？

如果我是個瑜伽士、國王或其他任何人，這份「我在」的意識——「我在之感」，這份想像、心智或隨便你如何稱呼它，都不過是個概念。在這個概念生起之前，有任何的事物存在嗎？沒有，什麼都沒有。那裡甚至連幸福或不幸都沒有——那是圓滿的狀態。

求道者：我想應該還有一個東西缺席，否則等它一來，問題又會層出不窮了，這個缺席的傢伙就是「時間」。例如，為何我過去沒有覺知？如果存在著某種理解的話，就不會有過去了。

導師：正是。當人們談到意識時，總喜歡站在個體的角度來展開思考。但你必須瞭解，事實上並非個體擁有著意識，而是意識呈現出無數的個人形相。

我不斷地重複，一般人無法領悟這一點。為什麼？因為它太簡單了！為了理解，人們總希望有個某物、某種形相或形狀。那個所謂的「某物」被生出來，而且會走向死亡並最終消失，這一切不過是想像而已，全是幻相，因為沒有任何事物會被生出來。那不過是個絕育的婦人所生出的小孩罷了！誰將它稱作那個？甚至連那個也只是個概念罷了！因為若無這個基本的「我在」概念，就根本不存在任何思想，（你）根本就不可能覺知到任何人的存在。

〔馬哈拉吉對某位訪客說道〕你的那位演員朋友怎麼樣了？他是否有提升到那個高度，能夠理解當下我們所說的內容？

求道者：〔對口譯者說〕告訴他，他還在家裡舔傷口呢！我還有另外的一個感覺或想法，想要告訴馬哈拉吉。就是當我們在談到「概念」時，尤其是如此基礎的「我在」概念時，我們會有某種將它弄混淆的傾向，把它誤認為是粗糙的、病態的思想……但在某種意義上，這個概念其實是最精微的活動，它是意識的試金石。如果我們仍像一般處理「概念」一詞來對待它的話，就會錯失它的根本本質。

導師：一千萬個人中才有一人能夠理解這整件事當中的微妙處。

求道者：那可是整座孟買城的人口啊！但顯然您並未感覺到灰心。您已經談了四十二年，這四十二年中您見過多少位有希望領悟此微妙境界之人？

導師：即便如此，那還是個概念罷了！但我在這裡要給你一個標準，通過它你可以做出某種判斷。當某個人到達某種狀態，發自內心地感覺到無論有什麼事正在發生，那都只是一種「發生」，而他與之完全無關，那麼，他就會生起強烈的信心，知道無論發生什麼事，其實什麼都未發生。而那些看上去彷彿在發生的事，不過是種幻相而已，那就是最終的目標。換句話說，無論貌似發生任何事，當這個人不再認為他正在活著，反而感覺自己正在被活著，而無論他做什麼事，他都不是在做那些事，而是他被安排去做那些事，那就可以稱作為某種評判標準了。

求道者：西方有導師會讓學生問自己這個問題：「誰是那個正在活出你的人？」……

導師：答案永遠無法言傳。

求道者：是的。

導師：若是強行給出一個答案，那答案也只可能是在心智層面。如果某人已經練習過了許多的靈修法，全部都練習完畢，卻無有成就，那麼，他就會提問，例如：「我做錯了什麼嗎？」

求道者：對於許多來到這裡的人們來說，一個明顯的答案是，他們一直在等待您的教導真正地進入他們的生命。

導師：世上所有的人，不論成功的或不成功的，都如何在運作？當你真的看清這個問題，你就會發現每個人都採用某種「範例」，一個關於他自己的特定形相——某種我是如此這般的形相或姿態。他所有的行動都是出自那個姿態，而那個姿態又是由他的自我概念所塑造的。只有當人理解自己的行動之源，方能從中解脫，他會把虛假看成虛假。

那些神人（godmen），甚至包括聖人、寂默者（梵muni，silent one），他們把自己看作是化身，他們當中的每一位都在做著同樣的事。他們採用某種特定的姿態，而這個姿態建立在某種特定的概念基礎上。除非他們看出自己是如何從這個奠基於概念的姿態出發而行動，以及為何而行動，否則他們就會繼續如此，終生受縛而不得自由。

求道者：我經常覺得世間每個人都在試圖裝出某副面容，而我們所有的活動都旨在維繫自己的自我感，防止我們看穿它。

昨天，我們還在開精神病醫生的玩笑呢！除非他們開始領悟，那麼多人都是在其試圖裝出的那副面容受到威脅或挑戰時，才會爆發出精神病態行為，否則我不認為這些醫生明白自己到底在做些什麼。

導師：精神病醫生需要首先瞭解心智是什麼，而非心智是如何運作的——瞭解心智本身為何物，然後才能有所改變。

求道者：這條路可長著呢！

導師：確實如此。

求道者：因為這一切從書本上是學不來的，但人人都以為自己應當從書本中學習。

導師：馬拉地語中使用「mana-shastri」一詞來指稱「精神病醫生」；梵語「mana」是心智，所以，整個詞的意思是「心智的醫生」。除非這位心智的醫生先瞭解心智是什麼，否則他注定一事無成。無論發生什麼，其基礎都是心智。所以，他應當擺在第一位的首要問題是：心智本身奠基於何物之上？那個囊括心智為其內涵的東西到底是什麼？然後他才能有所了悟。無論世上發生了什麼，都奠基於概念之上。行動中的概念就是「心智」，你是否徹底地了悟這個事實——你並非那個概念，而是概念的了知者。無論何名、何種指稱存於世間，它們都只是些概念遊戲罷了！而你並不是概念。我所說的話，你現在是否有感覺較熟悉一點了？

求道者：熟悉多了。過去兩年我一直試著依此而行，用它來指引我生命中的每一天。

導師：要練習這個倒還真不容易呢！只是看著你自己，這就是「你」，再也沒有什麼需要做的！我絕不會讓你偏離這一點。沒有什麼需要被活出來，實際上，那是先前說過的話。當你了悟何為生活時，你就會明白目前自以為的生活，不過是你正在被生活而已。所有你自認為理解的事物、你所有的知識，全都不過是些概念罷了！聖人、寂默者、瑜伽士、國王，無論什麼名目，全都是奠基於概念之上，全都是營造出來的某一種姿態。

求道者：有件事困惑了我很長一段時間，是關於我遇見的某個人，他顯露了許多神通，並且公然宣稱自己是如此這般的一位化身。對我而言，這純屬虛假概念，而且與印度一貫所象徵的本質不符，與您所代表的本質也有所牴觸。因為我的科學背景，所以我無法懷疑他的斷言——我曾有機會觀察到人們在經歷他的神奇表演前後的轉變。但是我也感覺非常難以理解，為何這樣的人能夠如此驚人地掌控天地之力，操控自然之能，卻看似無有這份洞見，能夠返照到這整個概念的種子。

導師：你說的是舊金山的那個人嗎？

求道者：不，不！我說的是賽・巴巴（Sai Baba）⑨。

口譯者：馬哈拉吉總是直溯問題之根。他說：「有賽・巴巴，那麼，什麼是賽・巴巴？當我們說『賽・巴巴』時，什麼是『巴巴』？如何是『巴巴』？」早先他曾說過，為何要打開別人家的商店呢？

求道者：這對我來說倒無所謂。

⑨賽・巴巴（Sai Baba, 1926-2011）：是印度教上師、瑜伽士與伊斯蘭教聖人。「賽」（Sai）意指「神聖」，而「巴巴」（梵Baba）則是父親、祖父或老者的稱呼。賽・巴巴終生過著禁欲與苦行的生活，長期在樹下冥想。他宣稱自己是神的化身，許多信徒相信他無所不在，全知全能。

口譯者：當馬哈拉吉精力充沛時，他總是會說很多話。無論誰來或是何種程度，他都會跟對方說話。但他現在身體不是很好，他說他只想跟一些科學家說話，這些科學家對於討論的問題有著一定的專業知識，對於五種元素有所瞭解。於是他能夠跟他們腦力激盪一下。否則的話，他說：「那就是浪費精力了」，而他的精力已經快耗盡了。

求道者：過上一陣子，那個（科學）知識——就是我致力於研究的那些東西——會令人覺得很厭煩。它總是那個樣子，無法真正地滿足你。

第七章　你是意識來來去去的觀察者

一九八〇年七月九、十日

求道者：今天早上您跟我們談論的話題之一是，若非意識在場，我們身體當中的生命能量也無法顯現。

導師：當你了悟這個「真知—意識」（knowledge-consciousness）正是你的所思、所想，當你對這一點愈發確信時，你就會變得無欲無求。於是你漸漸地會放下所有的欲望，它們便會一點一滴地消失了。

若是借助於藥力，能夠令病情處於可忍受的範圍嗎？

求道者：不同的案例會有不同的情況，你無法制定一條放諸四海而皆準的法則。是的，在我的經驗當中，這是可行的。但也不能說它絕對會發生，事情不是這樣運作的。

導師：我們必須要讓死亡無痛苦。印度大部分的聖人都死於癌症，三個世紀以前我們有位聖人圖卡拉姆（Tukaram）①，他在其人生的最後一刻正在唱祈禱歌，然後他就突然解體，融入虛空，無有痛苦，無有身體，無有任何東西。遺留下來的大概就是他所穿的那雙涼鞋，以及所彈的西塔琴（sitar），他就這樣消失無蹤了。我們還有三、四位聖人如他那般，靜靜地消散於空氣中。米拉拜是另一位聖人，她融入一尊神像當中。在南方，有位來自孟加拉的聖人，他去到普里（Puri，位於奧里薩邦〔Orissa State〕的一座城市），然後也融入一座神像中……沒有留下任何東西。所以，我說那是最好的死法，如果他們能把這項技能傳授給我們，我們會無比感恩。

求道者：我也聽說過圖卡拉姆的故事，但不是說他準備離世，而是他當時跟弟子們在一起，這些弟子對於他的教誨總是無動於衷，讓他感到厭煩，於是說：「我準備離開你們了。」然後，他進入自己的小房間，那房間只有一扇門，而且沒有窗戶，而他的弟子們圍坐在房門外。過了一陣子，他們進入房間，卻找不到他了。

口譯者：馬哈拉吉並不想讓人們長時間地緊跟著他，他們應當是接收到這些談話，理解並遵循，儘管並不在他的身邊。

導師：靈性是維繫一個人生命的必需品，當你明白了什麼是什麼，你就會發現，所謂的「死亡」也不過是個幻相罷了！智者安住於「絕對」中，他只是「絕對」。那已經了悟並超越意識的智者，並不想延長意識的生命，他把意識交還給它自己，交還給自發性；他並不想要干涉意識。

對於智者而言，沒有任何人能夠與他有關，若非所有人都與他有關，就是無人能與他有關。只有智者知道萬物皆空，萬物皆消融，萬物從未存在過。對於智者而言，個體性已經被全部消除，剩下的只是顯現的意識，它充滿著豐盛與富足。

求道者：您在這裡說的是不會有身分認同的發生。

導師：智者已經超越意識，儘管他與意識的連結依然存在。而此處的意識——「我在之感」，代表著完整性的顯現，因為它已擺脫身體之限，不會再把自己認同於「個體」。

一旦某個概念在某人心裡扎了根，他就會表現出相應的行為。「我在」的概念是最根本的概念，從中流出其他的一切。就你而言，你的身分是什麼？你是以什麼樣的身分存於此世？

求道者：嗯，我試著把自己從一切身分當中抽離出來。

導師：是的，但是誰在試圖把自己從一切身分中抽離出來？從一切身分中抽離出來的那個傢伙又是誰？那個想要除盡一切苦痛的身分或實體，它的本質是什麼？它是「幸

①圖卡拉姆（Tukaram, 1598-1650）：印度偉大的馬拉地語詩人，是奉愛瑜伽的追隨者。他教導人如想要回歸神，在履行日常職責的同時，還應該憶念神，並唱頌神的名號。

福」或是別的什麼事物？你怎麼認為呢？

求道者：或許是不滿足之感吧！

導師：你有幸福之感，也有痛苦之感。在這兩極之間，你身在何處？那個發現了幸福感和痛苦感的你是誰？

求道者：我發現其實沒有人存在，只有痛苦。

導師：你真的確信無人存在，確信這個事實？你真的確信無有實體在感受幸福和痛苦？

求道者：是的，我的確信來自於實修。

導師：無人在此，無人存於此處，那就是你所說的：無有任何的身分，那個「無人」（nobody），現在它是否穿著這件衣服？〔提問者穿著一件僧侶袍〕

求道者：沒有，但困難點在於還是存在著某種執著。

導師：你是從何時候開始知道「你在」的？

求道者：大概從我出生開始吧！

導師：你是否有關於你出生的經驗，或者你只是聽說你出生了。

求道者：只有一些很模糊的記憶，腦海中有著一些很小時候的影像。

導師：也就是說，你只是聽說你出生了，但你對此並無第一手經驗。

求道者：我肯定是聽說過的。

導師：你知道「你在」（你存在），因為你聽說自己出生了。因此，你就存在了。你說：「自從我出生以來，我就感覺我存在」，但你其實只是聽說自己出生了。

求道者：這多少跟一個人的成長環境有關，那些記憶會建構出某種自我身分感。

導師：無論你聽見別人如何描述你的出生，那個特定的身分就是這個（形相）吧，對不對？無論你感覺自己是什麼，難道不都是這個形相嗎？同樣的這個形相，難道它不正是那個你聽說過的曾被生出的東西，並從此以後象徵著「你的」出生？

求道者：您是說我一直就是那個被生出的身分？

導師：你聽說那個形相出生了，這就是那個形相，你稱之為「身分」，還為之命名無數。你曾聽說過你的出生，但你只是在當下體驗那個出生，對不對？從你開始體驗世界的那一刻起，你就在體驗你的出生了。

你所理解的全部是客觀知識，而它不是永恆的，並且不會跟你一直待在一起。那個說「我不懂」的傢伙就是「你」，你就是那個說「我不知道」的傢伙。而所有你知道的東西，無論是什麼客觀的知見，全都不是永恆的。

求道者：但它還是會衍生出一種自我感啊？

導師：你說你有一種自我感，但這種自我感並不會永遠跟你在一起，它不是永恆的。再次地，它是「無我」（梵anatma；non-self）❷。所以，何必為此「無我」而煩惱呢？為何要操心掛慮一個並非永恆之物呢？所以，你的問題現在去哪裡了？

那個說「我不知道」的傢伙，是否應當存於說「我知道」的傢伙之前呢？有某個東西在說「我知道」，同時在你之內還有某個東西在說「我不知道」。它倆誰在誰之前？

求道者：在此之前，必然有某物存在，我並不知道我們所謂的「我知道」是什麼，我知道它只是奠基於非永恆之物上的知識罷了！

導師：「那」知道它是非永恆的而存於永恆之境（無時不在），若是無此一項真知，你甚至都無法說出「我不知道」。所有的客觀知識都不是永恆的。

求道者：那麼所謂的「證悟真我」又是什麼呢？

導師：我們稍後一點會談到它。「證悟真我」意味著我是完全圓滿的，我什麼都不想要知道〔笑聲〕，我現在什麼都不需要了。「證悟真我」是一個術語，是一個我們正在試圖理解的目標。如果它是一個外在的答案，就永遠無法被觸及。若非它波動起伏於你之內，這意味著你就是「那」，否則你將不可能理解它，它無法從外而來。那些是唯一的術語和目標，無有任何道路能夠通達（它）。你無須再理解更多了，因為你就是「那」。如果你理解這一點，那就足夠了。此後無論你有什麼客觀領悟，那都不是永恆的，而理解這點的那個主體則是永恆的，只是你永遠都無法「理解」這個主體。

求道者：這個事情已經圓滿完成了，只是我尚未認識到它而已。我這些天一直在試圖與「那」合一。

求道者：但當我們試圖去這樣做時，又會產生出某種分離之感，這就意味著在某種意義上這種嘗試必須停止。

導師：你無法去試著做這件事，你知道嗎？它必然是已經在那裡了。你說：「它是圓滿的」，對吧？那麼，哪裡還有什麼達至圓滿的問題呢？你無法達至某個你「不是」之物（之境），你必然從一開始就是圓滿的。因此，你就是「那」，你無須抵達任何地方（境界）。

❷無我（梵anatma；non-self）：例如佛教教義的「無我」（梵anatta）。

你正在試圖創建某個目標。你看，只有你的心智會創建（某物作為）目標。你根本不知道實相，因為你就「是」實相，你如何可能把實相當成某個客觀之物而加以理解？也就是說，任何境界，若為實相之境，就必然是主觀的。你無法知曉它，除非你不再將它看成是某個與你不同之物。❸如果你把它看成是某個與你不同之物，那它就變成客觀之物，就不是永恆的。

你看，這就是為何所有人都在追求靈性的原因。他們伸出一隻手，他們想要被賜福。但若是某人賜福於你，你又會伸出另一隻手說：「幫我這邊也賜福一下吧！」「證悟真我」並非某個裝在銀盤裡準備賜予你的東西，它已經在那裡了。哪裡還有什麼需要被賜予的？任何可以被賜予你的東西，都必須被保證；然而你卻無須任何保證，你其實一無所求，它已經在那裡了。如果你感覺它不在那裡，那麼，你永遠都不可能了悟它。

求道者：但某些教導還是有益的。

導師：如果你是依據某種方法或道路來接受指引，那麼你就會有麻煩。「那」是無可比喻的，根本就無任何的道路或指引。你必須理解這一點才行。

求道者：但某些習慣性的模式依然強而有力。

導師：是的，然而一旦你了悟它們的非永恆性，明白它們原本非真，那又何苦再操心這些習慣性的模式呢？直接去除這些習慣即可，超越它們！如果你做不到，你就無法理解這一點，究竟的真理對你而言就會顯得遙不可及。沒有道路、指引、方法和技巧，你是圓滿的，你是全然一體性的。你「感覺」自己是二元的，那也無妨，但你必須「理解」自己是非二元性的。

你過去是個小孩，而現在你是個大男孩，是個大人了。你知道自己是沿著哪條路走過來的嗎？你是如何成長的？你對此一無所知嗎？那你現在為何要詢問你將遵循哪條道路前進？

我倒是挺想知道你是沿著哪條道路前行，直達此生，然後長成現在這個樣子的。如果你能告訴我你是沿著哪條路來的，我就會告訴你沿著哪條路回去。

這些全都是想法、概念而已！你有一個宏大的想法，認為自己被出生，並且成長，認為你已走過這條路、那條路，有許多人來告訴你這些。所以，我想要你原路返回，回到源頭，回到你最初恍若出發的地方。回到那裡，停下來，仔細瞧瞧。往回看，看看那裡到底在發生些什麼。別跟著水流四處漂移，仔細看清什麼是什麼。你將永遠都無法看清，因為你在水流中的漂移（旅程）只是受制於……概念，那是你從別人那裡聽來的，或從書本上看來的。那正是你為何隨波逐流的原因，是這樣的吧？回去！回到源頭，看清那裡到底有什麼，那就是我的教導之所以美妙之處。它會把你帶到源頭，而且根本不允許你絲毫偏離源頭。如果你只是想討論自從你隨波逐流以來所發生的一

❸從二元論的角度來說，是一種「主體—客體」（subject-object）的關係。

切，那好吧，故事多得很呢！印度教的典籍任君選用，還有其他無數的宗教經典等待你的研讀。去讀它們吧！它們一無所用。但我說你是能夠回去的，回到那個你恍若從中出發的地方，看看你到底是否有離開過它。而這就需要冥想了，你將不得不持續地回到那個源頭。你必須將所有的注意力聚焦於其上，看看自己是否真的從它那裡一路走來的，看清你是否真的出生了。在那之前，你都只是在聽來的故事裡打轉罷了！

求道者：但還是需要某種程度的覺知，好讓自己能夠原路返回。

導師：覺知什麼？你已經覺知到許多東西了，難道不是嗎？你必須覺知到正確的東西，對不對？你已經覺知到一切，無論你身邊發生什麼事，你都已有所覺知。你若是無覺知，就不可能做任何事。所以，你的注意力必須集中在這個源頭上，那就是全部了。

求道者：好的，必須時刻保持覺知。

導師：但你卻並未意識到這份覺知，未意識到那必然存在的覺知。

求道者：可能是因為我們並不能對此保持一貫的高度專注吧！

導師：你在覺知當中，也是隨著條件作用而不斷變化的，因為你的意識不外是一堆概念和觀念罷了！那是你從小一直收集形成的。

求道者：那就意味著，覺知之點只存於當下一刻？

導師：如果你真的意識到你所看到的一切，你是否還會想要試著進入意識，並因此讓自己掉入痛苦中？意識給你帶來煩惱，難道不是嗎？從你意識到自己存在的那一刻開始，煩惱也就開始了。無論你所談論的是何種痛苦，它都是在意識降臨於你之後才發生的。

假設某人想要活著，扎根於意識之中，就意味著你會再次地扎根於痛苦及其形形色色的衍生物中。所有你需要做的，就是理解意識的本質，並感覺到自己跟它絲毫無關。意識只是你的一個客人，難道不是嗎？它曾經並不在那裡，而未來的某刻它也會離開；它只是暫時跟你待在一起。在那個暫存的關於意識的知識當中，你卻想要理解意識本身當中的一切事。你真的能理解意識什麼呢？除非你開始試著覺知到這個意識，並且只有當你覺知到它的來來去去，覺知到它的局限性——概念、觀念、希望以及所有的一切……

求道者：所以，覺知一定是超越意識的嗎？

導師：它早已超越了意識。如果覺知在場的話，那麼，意識就有可能出現在它的基礎之上。

現在，身體已經在那裡等著你了。身體是由什麼構成的？（五種）元素，不是嗎？如果你理解自己並非這些元素……你就存於元素來臨之前。

從這個「我」的意識出現於你心中的那一刻起，你就開始體驗這個世界。因此，你會有痛苦的體驗，也會有幸福的體驗。試著明瞭這個幸福與痛苦的本質，它是通過意識而進入你的心智。一旦你理解這一點，就會知道自己並非這些體驗，痛苦與你無關，幸福也與你無關。那些東西全部發生在你的意識裡，而你卻在觀察著意識的來來去去。所有這些都是由你之內的某物所知曉的，這就是你的本質，你就是「那」。「那」無法被當成某個客觀之物來加以理解，意識來到你的那一刻，以及意識離開你的那一刻，你每天都在理解這個，對不對？那難道不是你的體驗嗎？

在睡眠狀態中你沒有意識，在清醒狀態中你有意識，這就意味著所有這些東西都在那裡，你也在那裡，你知道的。誰知道？誰知曉意識的來來去去？那個知道的傢伙就是「你」，那就是你的真實本性。你明白了嗎？

求道者：我在理智上已瞭解，但卻依然無法把握住它。

導師：但何謂把握住它？何謂在理智上瞭解它？我們總是說，我在理智上已瞭解，我已在理智上把握住它；但問題究竟在哪裡？它是一個事實，不是嗎？你是否有必要只是通過理智去瞭解每一個事實？它是一個事實，而你現在知道了，那就是全部了——就這麼簡單。

你已經進行靈修五年半的時間，你是否有誠實地發現自己內在某個永恆的身分？你有意識，意識知曉整個世界，但你也知道它來來去去。現在，你是否有發現你內在何物是永恆的，它不會來來去去，永遠都在那裡？通過你過去五年半時間的所有練習，你是否有找出那個永恆之物？你發現自己內在有個法則，我們稱之為「意識」；

這傢伙可是個共通因素，因為你在意識中活動，做所有的事情。但你也知道它來來去去，意識不是永恆的。當意識到來時，你稱之為「出生」；當意識離去時，你稱之為「死亡」。所以，它也不是一個永恆的身分。你是否有任何其他的知識是關於你內在的那個永恆身分，它總是和你在一起，未曾離開？

求道者：我真的無法說我擁有這樣的知識。

導師：當你說「我什麼都不知道」時，你就已經開始在接受這個事實了。所以，我們現在要把「你」（那個說「我什麼都不知道」的傢伙）指出來，那是你的真實本性，你就是「那」。而你所知道的那個，則不是真實的，也不是永恆的。

你所知道的那個，也就是你用眼睛可以看見的那個，並非真實的。而說「我什麼都不知道」的那個，才是你的真實本性。你就是「那」，而且你無法把它當成某個客觀之物而加以認知。一旦它變成客觀的，它就變成非永恆的了，於是它也就不再真實。

求道者：所以，它事實上無可言傳。

導師：當然，到處都有人在說它是無可言傳的，也無法描述；它只能被指出來。所以，無論我指向什麼，請看向那個指向的地方，而非我伸出的手指。但你現在只看我的手指，卻不看我指向的地方，而手指不是那個東西！

有任何問題嗎？

求道者：如果我們無法解釋，那麼，問題又能起什麼作用呢？

導師：除非你再度認同於形相，否則你不會問我任何問題；而只有當你再度變成形相時，你才會向我提問。否則的話，你與我一體不分。

你的狀態並未改變，你在來到這裡之前是完美的，現在當你回去時，你完美依舊，任何地方都不可能有任何的變化發生。但你現在感覺有了一點變化，所以你很開心，那就開心地回去吧！當「你在」成為了一種感覺，所有的經驗就都會變成一種感覺。哪裡還有什麼開心或不開心的問題？每樣東西都只是個感覺而已。

當你做全球旅行，與不同的人們交換意見，學習各式各樣的技巧、方法，然後你回來得出某個結論……所有這一切，當中真的發生了什麼嗎？你還是老樣子，而且你永遠也看不出來這趟旅程其實根本沒有必要。你無須從任何地方獲得任何意見，在我當中無有任何改變。如果你閉上眼睛，說「我看不見，我把握不住」，那麼，你的周遊世界不過是趟無知之旅罷了！

只要你還認同於身體，你的歸服就毫無意義。何謂「進步」？在靈性的意義上，無所謂「進步」的問題。對於導師的話愈發地確信無疑，對於你的真實本性的瞭解日益加深，才是唯一重要的事。除此以外，沒有任何的靈性進步或靈修道路，因為你就是「那」。只是你必須對這一點絕對地清楚無疑。

你在冥想時看到的異象是些什麼呢？別把它們看得太重。因為你的第一個奇蹟就是，當你知道「你在」時，你同時也就看見了世界。這就意味著整個世界都在你的意識當中。無疑地，用你的意識看見整個世界，那本身就是一個奇蹟。你還想要什麼更大的奇蹟呢？

口譯者：你們受教於某人已經八年了，儘管你們無法理解他的語言。而馬哈拉吉問的是，你們在過去八年中到底做了些什麼？你的成果就是發現存在著某個神，而你則是一介凡夫。那是你的信條，那是你唯一的收穫。所以，你到底理解了什麼？

求道者：除非你遇對了聖人，否則你在靈性上無法進步，你什麼也做不成。

導師：沒有所謂的「進步」，你必須消融掉「進步」的概念。

只有當你遇到一個對真我確信無疑的人，你才可能對真我確信無疑。但誰知道他呢？他對自己毫無懷疑，但你們覺得他很難理解。

求道者：他們到底有沒有讀過馬哈拉吉的書？

口譯者：有的，但他們有一些疑惑，也不確定他們是否感覺滿意。因為只有當你聽馬哈拉吉講課幾天之後，你才會有所理解。你可以參加他的晨講與夜談，這樣是最好的方式，你可以理解得更多。你所有的疑惑都會消散，別讓任何的疑惑留在心裡。

求道者：許多來過這裡的人都成為智者。您說過一個人應當跟「存在—意識」（Beingness-consciousness）待在一起。這樣做是否足夠讓人自動地了悟真我，或者我們還是應當超越意識？

導師：我給你舉個例子。假設我坐在這裡，而你到訪。我知道你已存在，然後見證就自動發生了。我們是否有做過任何事來讓此見證發生？沒有，它就如此自然地發生。你應當瞭解，它非常地簡單。在另外的一些時候，我曾解釋過它就如一個生芒果變成熟芒果，就是以如此自然的方式發生。

求道者：有些導師曾教導或強調，待在一位已經證悟的靈性導師身邊的必要性。但您似乎並未如此強調。然而，當我們閱讀您教學錄音的英譯本時，我們會感覺內心非常渴望能夠來到您的身邊，而且顯然您的臨在本身就彷彿是光明，能夠啟迪我們的心靈。您是否認同這種（導師）現場效應的重要性和必要性？

導師：清除你所有的疑惑是非常有益的事情，這是為何我會安排「問答」課程的原因。所以，我希望你能在某段時間內一直提問，否則若把疑惑留在心裡，它們就會粘著你。而我們這裡就是要清除所有的概念。

闡釋知識的人當中，極少有對自己絕對誠實的。在一般情況下，給予知識的背後都有著某種獲取某物的目的。我們必須安住於其中的那個真我到底是什麼？整個浩瀚的宇宙都是這個真我的顯現。同時，小東西裡最小的那個，就如一隻螞蟻、一個原子，也是這個真我。

求道者：有時它被稱作「心中的芥末種子」。

導師：「存在」就如芝麻種子，非常地微小，然而，它的表達卻是整個顯相世界。全世界的起源都歸因於此種子——「我在之感」的神奇一觸或一刺。這顆種子裡包含油質，那是愛之源。在為整個顯相世界提供愛或油之後，剩下的部分就是那個「我在」。那份「我在之感」的觸碰或刺激，就是一切精華之中最精華者。

既然你提到這個問題，許多有知識的人其實尚未證悟真我。他會宣稱自己擁有真知，但卻依然擔心有什麼事會發生在他身上，所以，他不能被視為智者。對導師的話有信心吧！無論他說了些什麼。此處我不會重複或模仿其他所謂「聖人」的言行；我也不會擁護某種宗教；對於任何事情我都不會擺姿態、挑立場；甚至我都不是一個男人或女人。如果你接受了任何的姿態或立場，你就不得不遵循與此姿態或立場相關的紀律，以此照料自己所作出的選擇。我對其他人怎麼說毫不在意，我只是安住於真我之中。

至於其他聖人們做了些什麼，我無可奉告，不予評論。

自然發生的事情，就讓它發生吧！

有人存在於我之前嗎？只有當我的「存在」顯現時，其他所有的事才可能顯現。在我「存在」之前，無物存在。

從屬於身體自我的層層關係，現正被清除。

求道者：您說的是傳統經典當中所描述的「五個身層」（five sheaths）④嗎？

導師：最初，我清淨無染——未被任何東西覆蓋，無有任何的污損，因為在我之前並無任何人存在，而且我也不會用那些關於某人存在於我之前的概念來自娛自樂。世上的一切顯相形態（萬事萬物），都是在與身體相關的「我在」認知出現之後才形成的。伴隨著身體與住於其中的「我在之感」的形成，天地萬物於焉形成。在這具身體以及「我在」的認知出現之前，還有什麼呢？

求道者：什麼都沒有。

導師：那裡存在著大我，它是最高的真我，是真我的核心。這個身分無有任何的污損，即便是天空都無法觸及它，空間也無法觸碰它，它比空間更微妙。它就如陽光和月光，在污水中也清淨無染。如果陽光和月光的清淨已能達至如斯境界，那麼，你能想像真我（意識）的清淨能夠崇高至何處嗎？

理解這個的第一刻，我們就是在那一刻理解「我們是」（我們存在）——那是身體的第一刻，當它理解「它是」（它存在）。認出這第一刻，一旦你把握住這一點，你就是一切神中最高者，就是萬物從中生起的那個點。也就在那個點上，萬物同時也落幕——起點與終點其實是同一個。所以，一旦你理解這一點，你就從這個點上被釋放了。沒有任何人在致力於理解這個真我的發生，理解這個「我在之感」如何生起。然而，一旦你理解這一點，我——「絕對」——就再也不是這個「我在之感」了。

你明白一些了嗎？

求道者：當我們在練習安住於「我在之感」當中，達到圓滿程度時，就不會再有那種受限的感覺——感覺自己是一個分離的個體，就如「我在之感」這個詞所形容的那般。這是我的理解，但我也有可能理解錯了。

導師：我們只能是通過語言來表達它，除此以外別無他途。這個「我在之感」，這份精華（quintessence；第五元素）⑤、純質、至尊之力（梵parashakti；supreme force）❻，並不是「我」（I）。那個「我在之感」——「我在」的感覺，是天地萬物的精華，但它並非「我」，並非「絕對」，「我在之感」才是最高的真知。此處我是身體力行地在將這份最高真理傳遞給你。

口譯者：馬哈拉吉沒有副本，像他這樣的談話你在其他任何地方是聽不到的。

導師：〔對某位美國求道者說〕你是否會接收到靈感，把這些教導轉化成文學作品？

---

④哈達瑜伽認為人有五個「身層」，即層層套住個人心靈「真我」的五重身。最外面的第一層是由所吃食物所形成的「食物身層」，第二層完全是由能量所形成的「氣身層」，第三層是由精微的心念所構成的「意身層」，第四層是由有限的「識」所形成的「識身層」，最裡面的第五層是由有限的「喜樂」所形成「樂身層」。

⑤第五元素：被視為地、水、火、風以外的構成宇宙的元素。

❻至尊之力（梵parashakti；supreme force）：力量；語言文字的源泉。

求道者：是的，我會的。

導師：宇宙中的每一個受造物都在向那個法則呼喊——它把那個法則當成了神（或其他任何替代的稱謂），然而，所有這一切只可能發生在某一段時間以內，也就是從生命能量於其內甦醒，到生命能量停止工作的這段期間。

在冥想練習當中，生命能量得到淨化，然後「阿特曼」之光才能遍照四方。然而，那個運作的法則依然是生命能量。當這個獲得淨化之後的生命能量與真我之光融入彼此時，概念、想像、心智等所有的一切，就都被擱置一旁了。

當人們告訴你練習一些靈修法時，你究竟是在練習何種靈修法？答案只可能是「生命能量」。任何人都只可能是通過生命能量這個唯一的器具來靈修。這個生命能量，我們不要僅僅把它當成是一個器具，而是心中必須接納它為世間的至高法則，也就是神、大我、自在天或其他你喜歡的任何名字。所以，當這個生命能量喜悅了，它就會得到淨化，並與「阿特曼」之光融合。

什麼是「創造」？一切受造物究竟是神所造，抑或由此生命能量所造？通過練習冥想，勤奮不懈地練習，生命能量就會愈來愈純淨，到某個程度時，它會達至神性。你是否理解這個生命能量就是神，神就是生命能量；請與生命能量保持合一。

在你的冥想中，當生命能量與最高法則合一時，通過這份融合所達至的境界，就意味著解脫（梵moksha）、覺醒或自由，隨你喜歡如何稱呼它都行。所以，什麼是「解脫」？就是你不再臣服於「三德」，而且與個人性相關連的一切限制和障礙全部都消失，那就是自由。生命能量是運作法則，意識則為個人提供感知力。

求道者：這正是濕婆神（梵Shiva）❼與夏克提（梵shakti，性力女神）❽的傳統意象。

導師：濕婆神就是那一點意識，而運作法則就是生命能量——夏克提。

人們總是執著於各種的名稱，卻忽略掉名稱背後的基本法則。這個法則就是：身體內的意識和生命能量合在一起就是「阿特曼」。我稱之為「心靈」（梵antahkarana；psyche）❾。

據說有人死了，那麼究竟發生了什麼？生命能量離開了，生命能量背後的這個法則（即這個意識）也消失，那就是所有發生的事。這麼多年以來，我一直都在分析、解釋這個原則。但從現在開始，我一方面沒有精力解釋，另一方面也不想再解釋這些東西，所以，我只能說一些你需要做的事，如果有的話。而你唯一需要做的事，並非一般意義上的「做」事，你只要坐在那裡沉思，讓意識展開它自己，讓意識展現關於它自己的真知。

你已做了一些家庭作業，所以，我要繼續給你講解需要進一步澄清的事。截至目前，大部分人在做的事情，都是只講解一些表面的東西。你需要練習冥想，而在冥想

❼濕婆神（梵Shiva）：毀滅者。
❽夏克提（梵shakti）：力量；能量；潛能。
❾心靈（梵antahkarana；psyche）：心智。字義為「內在的器具或器官」。

當中，意識本身將會展露出過去一直隱而未顯的真知。但是人們通常不會去到萬物之根，解釋這些深層的法則，這正是我這麼多年一直在做的事。但是現在，因為其他的一些原因，這事我也不打算再做了。

《薄伽梵歌》是一首歌，演唱者是上主克里希那。你想問關於它的什麼事？

求道者：關於《薄伽梵歌》我並無太多的問題。您過去幾天以來給了我非常仁慈的教導，我覺得它彷彿是在為您的部分講課內容做總結。我只想聽聽您如何評論《薄伽梵歌》？

導師：從你提到的那些詩篇當中，你總結出什麼意義？你理解了些什麼？

求道者：我覺得當我們按照教導正確地練習冥想時，第一個明顯的狀態就是我們的意識。在一般情況下，它都是瞬息萬變的，捲入日常生活的紛擾中，朝著無數個方向分散，但此刻卻開始清晰地覺察到它自身，並開始見證所發生的一切。同時，身體的能量也開始得到增強，這也是意識提升的結果，而且它彷彿是沿著一個垂直的方向集中。我無法再給更好的解釋了。此外，還發生一件事，有點像是某種淨化，而您先前一直在說我們經常……

導師：我說的是文字的意義，首先，你如何理解這些文字，而不是問你發生了些什麼。「發生」應當是某種體驗。

求道者：好的，那就是我所說的，是我望文生義的理解。同時，我還感覺《奧義書》（*Upanishads*）和《薄伽梵歌》當中很多地方都提到心輪是靈魂的基座，是靈魂進入身體的地方；而「存在」本身則先於生命能量流動的整個垂直維度，最後甚至連生命能量也會被分解到這個中心裡。這就有點像您對於意識的描述，把它形容成一顆小小的種子，然而在這顆種子裡，不僅含藏我們這個身體形態的存在，以及我們所感知到的整個世界，甚至連同整個宇宙，都含藏於其中。當冥想被合理地導向，意識的趨向被反轉進入這個中心時，知識就會被分解，生命能量會變得純淨，它就會被再度吸入那個中心，你就不會再成天想著要遊戲人間了。

導師：這個意識和生命能量，當它倆融合時，它們會在「梵喜」（梵Brahmananda：the bliss of Brahman）⑩中變得穩定下來。然後，所有的思想念頭都會消失，包括你認為「自己正在坐著冥想」的念頭也會消失，那就是三摩地的開始。那個狀態會保持一會兒，之後不論什麼原因，它都會中斷，然後慣常的活動又會再度開始。也就是說，生命能量會再度展開它的正常工作和活動。

現在我問的是，根據人們所說我正在患的那種疾病，究竟是發生在什麼之上？它們是發生在意識和工作法則上，也就是生命能量之上，只有這兩者才與那個疾病有關。而我與這兩者毫不相關，所以跟疾病也絲毫無關。但是人還是有責任讓生命能量

⑩梵喜（梵Brahmananda：the bliss of Brahman）：永恆的喜悅。

保持正常良好的工作狀態，所以，我們在平常吃飯之餘還得再吃點藥，好讓這份意識和生命能量保持適當的工作狀態。

所以，藥物很像是食物。但對於我而言，我真的不在乎這個生命原則和意識工作與否，因為我跟它們絲毫無關，我超越其上，並已對它們感到厭煩。生命能量和意識並非真正分立的兩者，從概念的角度來說，它們好像是分開的兩個，但其實它們是一體的。只要某個形相被創造出來，生命能量就會被灌入其中，並且感知力也會自動出現。我們的面前有一個身體形相和生命能量，但意識若是缺席的話，那麼，我們面前的這個身體就只能說是處於技術性存活狀態。若只是憑著這點身體裡的生命能量，它還有什麼用處呢？就如從我們身體裡放出的氣，毫無意義，也沒有作用，除非意識也同時在場。所以正是這份意識，為生命能量賦予了某種能力，讓它能夠創造出一個具有感知力的活物，否則這生命能量就只能是（廢）氣。

人們寫信給我，感激我的教導，他們說自己現在已經理解，儘管我們的身體相隔千里，但其實我們是一體的。所有的這些認知，都只是些表面文章，都只是當意識領悟自己原來並非身體時所寫就的。但是知識也只可能停留在這個語言、文字的層面上，他們其實並未超越。

求道者：他們只是用一個概念替換了另一個概念。

導師：是的，只要那個「我在」的概念還在，他們就未超越它，也未抵達此概念生起之前的狀態；他們並未超越整體顯相（total manifestation）的狀態。現在人們到我這裡來，我對他們說話。我是從哪個層面說話的？我是從你是意識，而非「身體—心智」的層面對你說話的。在我的狀態裡，無論出現什麼，都是從整體顯相中出現的，而非從「絕對」的角度出現。牢牢地抓住那個意識，它是你唯一的資本，然後練習冥想，讓那份意識展現出所有必須被展現的真知。

口譯者：以前馬哈拉吉會說他很想傳遞真知。所以，當人們來這裡時，他若是發現其中有人真心對真理感興趣，他會建議他們待上四、五天，甚至一個星期。所以，那些本來打算離開的人也會改變主意留下來。但他說那已經是過去的事了，現在若是有人說打算晚上離開，他會說：「現在就請便吧！」

他舉了一個比喻。假設有個旅行者的小屋，人們來來去去，但小屋本身卻不會在意這些旅客是停留一小時或十天。在以前，他還殘留著一點點的欲望，但那不是為自己，而是想要傳遞真知。但是現在，過去那一點點的尚未進入整體顯相的欲望也已消失，變成整體顯相。在整體顯相和來到這裡的人們之間那一點點微弱的連結，現在也已斷掉了。

你是否能理解這一點？他現在已經沒有那份心思，那曾經想要在他與其他任何事物之間創建一點連繫的心思，已經全部消散。

導師：人們來到這裡。當某人去到另一人處時，總是帶著目的，那目的是想要得到一點世俗之物，或是想要得到一些靈性的知識（來我們這裡的情形就是如此）。所以，無論目的是什麼，就我而言，他們來了，得到某些東西——知識，然後那人會說：「我已經得到自己想要的知識了，非常感謝！」然後他就離開了。如果我叫他留下來，那就代表我也對他懷著某種目的。目的可能是好的或壞的、世俗的或非世俗的，但終歸是有目的的。但是我沒有目的，所以如果他走了，那就走吧；如果留下來，那就留下來吧！現在這位女士說：「但是其他人呢？……」我不關心其他人，我沒有講其他人，我講的是沒有其他人。

現在，為了把我傳遞的真知散播開去，這裡有了一個為這個傢伙（即馬哈拉吉）所創建的基金會——「阿德亞瑪．肯德拉」（Adhyatma Kendra）。但是我對那個中心並不感興趣，我根本不在意這個中心在做什麼，也不在意它到底存不存在。所以，現在他們已累積了一筆錢，準備給我的家人蓋房子。但是我對此並不感興趣，無論他們要做也罷，不做也罷，或者我的家人會用這筆錢來做些什麼，我統統不感興趣。我不需要一間房子來居住，甚至也不需要神，我一無所需。

第八章　對於智者而言，一切都是娛樂

一九八〇年七月十～十二日

求道者：唯一重要的事是我們接受教導後的實修。有一天，馬哈拉吉談到「梵喜」以及在練習冥想時，人們會如何被完全吸引進入「梵喜」之中。在一個專注於靈修、超凡脫俗的瑜伽士和一個真正的聖人之間，還是有著極大的不同之處。但是馬哈拉吉卻彷彿打破了兩者之間的森嚴壁壘，他的臨在一方面顯得非常地平凡普通，對環境保持著警醒，同時你又很清楚，他時刻都處於超乎我們想像的至福狀態、覺知狀態，但他看上去還是那麼地放鬆且平常，簡直不可思議。這就有點解釋不通了，不是說當我們在練習過程中，愈是深入，就會愈發專注（無論是專注於世界的意識或是融入意識本身）嗎？

〔馬哈拉吉的醫生剛給了他一些藥物，還有一大堆注意事項。〕

導師：我是真不在意是否要讓這個生命能量繼續活下去，因為無論生何種疾病，都不是發生在我身上，而是發生在這個「存在」身上。所以從此以後，這些注意事項（能做的，不能做的）全都只是在順從生命能量的意思，而我是不會接受醫生告訴我的這些注意事項的。所以，生命能量想如何就如何，「存在」也是如此，想做什麼就做什麼吧！

口譯者：很多得過類似疾病的聖人（或者只是他們的身體得過類似疾病），都提到過這些關於藥物的問題。

求道者：在我的銀河系裡，最著名的人都得過癌症——拉馬克里希那、拉馬納．馬哈希，還有您。您們所有的信徒為此解釋說，這些聖人是按照業力法則而呈現出此疾病之相——這解釋可真是粗糙啊！您相信這些說法嗎？它看上去真是個可怕的負擔啊！

導師：對我而言，我從未經歷過任何種類的「出生」。只是到了某個階段，有人告訴我說這個（形相）被生出來了，而且這個形相就是「我」。反正別人就是那麼告訴我的——謠傳。

無知的人總是想要活得長且愈長愈好，他會盡其可能地推遲死亡來臨的時刻。但是對於智者而言，他不會期待多活一分鐘，活在這個世界裡哪有任何的好處？對他而言，唯一的好事，就是讓那口氣（生命元氣）靜靜地離開，別再煩人了。

智者是讓生命能量和意識悄悄溜走的那個法則。意識跟生命能量一起，可能會得到世人無限的尊崇，說它是「阿特曼」、「自在天」，總之名目繁多。但是智者跟那些都無關，智者甚至跟這些最高種類的概念都毫不相關。

自從我明白什麼是意識和生命能量之後，我就從未去到任何人處，去詢問我的觀點是否正確。

一旦你理解這整個要點，你就無須待在這裡了。就如我一樣，一旦理解這個生命能量和意識之後，我就不再對它們當中的任何一個感興趣了。

人們一直來到這裡，我也一直在談話。我為什麼要談話？因為這段生命時光你總得把它消耗掉，總得想辦法用用它吧！所以，即便那些也只是娛樂而已。反正總得做點事，這就是娛樂——打發時光、消磨生命，但名之為「傳遞真知」。這遊戲是什麼呢？紙牌遊戲、娛樂遊戲。名義上稱為「靈性真知」，其實就是在玩紙牌罷了！

〔對聽眾裡面的一位女士說〕現在，妳已經理解，不用再來了。如果我叫某個人來，那麼，我會這麼做通常是有原因的。可能是他會給我一些錢，或是寫本關於我的書，或是做些對我有益處的事。一般情況下就是如此，否則沒有任何人會叫別人來的。但是在我這裡，類似的情形一個都不會發生，沒有任何的世俗利益或非世俗利益摻雜其間。所以，沒有任何人需要來我這裡。

求道者：我們喜歡您的娛樂！

導師：名稱與目的是靈性的真知，但真正在玩的卻是紙牌遊戲。〔笑聲〕

求道者：我不太會玩牌！

導師：妳聽見的這些話，是否有理解它？它會與妳同在嗎？如果是的話，那我誠實地告訴妳，無須再來了。我們不是攔著妳不讓妳來，而是說妳無須再來了。當然，如果妳想來的話，那就來吧！……

〔那位被提到的女士正指著她的手錶〕這位女士的靈性追求是比較高階的。她在子女和家庭溫情方面有著金色的紐帶，每件事情都是娛樂。

有任何的問題嗎？

口譯者：每個人都反對馬哈拉吉抽菸，一個接一個的醫生都告訴他要戒菸。他說：「每個人都拚死反對我抽菸，他們說別喝咖啡，別吃這個，別碰那個。」所以，他說他會少抽菸，但絕不會戒菸。「為何要戒菸呢？只為了活得稍微長一點兒嗎？」他說，「即便是毘濕奴、羅摩、馬赫希瓦拉（Maheshwara），都沒能壽比天齊，那又何必為壽命長短而擔憂呢？」

導師：無須到這裡來找尋祝福，我無法給你祝福，你是不可能改變的；也沒法給你任何的指導，你在來之前已經是完美的了。而你回去之時也同樣地完美，毫無污損。

求道者：那人還是必須通過錯誤來學習吧？

導師：誰說你犯了錯？當你明白自己原來是完美的時候，也只有在那時你才會知道自己曾經犯了一個錯誤。只有當你理解自己的真實身分時，你才會明白這一點，然後才會知道曾經犯過錯。那麼，你打算何時糾正錯誤呢？時間存在嗎？

求道者：其實沒有；只是我們彷彿經驗到了時間。

導師：有任何的問題嗎？

口譯者：你看，他總是如此地自信。因為無論你提出什麼問題，都是通過你自身的制約所提出的。而他知道自己超越所有的限制，因此能回答你任何的問題。所以，他總是準備好隨時可以回答你的問題，而你也總是試圖通過你心智中的限制（所有那些你學習的、獲取的東西）來準備提問。所以，無論你想問什麼都行，因為他總是能非常自信地回答。

他只要寥寥數語，就能傳遞出極其深刻的真知，而且他傳遞的方式是如此地迷人。現在他說：「我只是在打發時間，我的講課只是為了消遣，否則我根本不想講課。」那就是他的偉大之處。對於智者而言，傳遞最為深刻的真知也只是打發點時間罷了，因為他知道關於一切的真理。

一切都是發生在夢中，他也只是在夢中對你作答，你也是在夢中到於此地。在夢中有什麼問題是需要被正確回答的？你在夢裡正確地理解了什麼？當夢消失的瞬間，一切就都消散了。你看，他對於真實的情形有著絕對的把握，那就是一切了。

求道者：那是不是說一切都已經注定了？

導師：我有說一切都已經注定了嗎？根本沒有任何事發生，所以，哪裡有什麼注定？

求道者：所以，事情是自行發生的？

導師：是的，從客觀的角度來看，事情全都自行發生。在你的夢裡，事情是自行發生，還是你令它發生？世間事的發生與你的夢中事別無二致。

凡是適用於夢境的法則也適用於塵世。如果你想稱之為某種系統，那你就注定會失望，因為並無那樣的系統。簡而言之，生命能量在運動，它的本質就是要運動。而無論什麼言語，其意義都由心智決定。除非你有生命能量，否則你無法說話，你無法做任何事。心智必須是在你擁有生命能量的前提下，才能展開工作。

現在用科學的眼光來看，你無須做任何工作以進入真知狀態。然而，一旦你處於真知狀態，你就可以做任何的工作。切莫讓自己無所事事，所以還是繼續工作吧！無論是為窮人工作，或為社區工作，還是為靈修工作，無論你做什麼，都讓自己安住在真知狀態——真正的意識狀態。但你若是問我工作是否能夠幫助你覺醒，我的答案是沒有任何事情能幫助你覺醒。覺醒是第一位的，然後工作展開；二元性脫落。

求道者：您知道那個，您體驗過那個，而我卻沒有那個體驗。

導師：在印度，闡釋真知是一件非常稀有的事。那些悟道者總是保守秘密，然後消失無蹤。

我對於此地進行的談話、闡釋的真知並無任何的解釋，它就是這樣發生了。

求道者：它是最偉大的奇蹟。

導師：但請注意，極少有人真正利用了它，你應當從自己的切身經歷中就觀察到這一點。你肯定見過許多印度人來到這裡，但他們來做什麼呢？他們來這裡尋求身體的健康。真正在發生的是什麼？這些可憐的人們實際上……他們本來快死了。他們來時宛若死人，到這裡來過之後卻活了下來。

求道者：他們有做任何靈修嗎？

導師：很難說，他們大部分都已經奄奄一息，已經不太活動了。他們的身體很糟糕，無法每天都來。但他們承認自己能活下來，真的是全靠這個地方。

求道者：在我的工作中有一條很重要的指導原則，當我在決斷是否要繼續維繫一個垂死病人的生命時，我會去看在他身上是否還殘留著一點點意識的可能性，而且要看他是否還想要恰當地利用這一絲可能性。否則我真的看不出有任何的必要去繼續維持那個身體的存活，這樣的強行維繫，完全無法榮耀生命。

口譯者：你肯定聽說過關於馬哈拉吉女兒去世的事。她躺在床上即將離世，而馬哈拉吉一如往常地準備晚上外出。當他正要出門時，他的老婆也正準備出門。於是她說：「你的女兒都快死了，你為何非要現在離開呢？」他說：「別擔心，我很快就會回來，她想要喝點飲料，我會為她帶點冷飲回來。」結果等到馬哈拉吉回來時，發現女兒已經死了。於是馬哈拉吉把裝著飲料的玻璃瓶放在桌上後，就靜靜地看著，然後他的女兒就從床上起身來喝飲料。他說：「我把飲料帶回來了，妳告訴過我妳想喝的。」當她喝完以後，馬哈拉吉問她：「妳還想活嗎？」她說：「不想了。」然後，她就又再度躺下。

根本就沒有「作者」，沒有人真的在做任何事。在意識的領域裡，每件事情都只是發生罷了！

求道者：這就是為何馬哈拉吉的這些教誨應當讓更多人（例如美國人）知道的原因。他們肯定會覺得很難接受，因為美國人的「作者」之感很強，人人都想有所作為，而且把個人成就看成是非常驕傲的事。全社會熱中於表彰個人的功績，依據他們的成就來將彼此分門別類，整個社會都是依此而架構的。

導師：在印度有一句話說：「千人之中，方有一個會想要瞭解自己，而百萬人中，才有一個真正地瞭解自己。」類似的諺語有好幾條。

那些只想要真知的人……我真的好愛他們，勝過愛我自己的親人。那些珍惜真我之智的人就是我的親人，比我自己的小孩還親。

求道者：馬哈拉吉把他們照顧得可好了，鼓勵並確保他們做功課；他們會一切安好的。

〔馬哈拉吉正對一位著僧袍的求道者說話。〕

導師：我告訴你，若是你明白我的話中真意，這身僧袍就對你不具任何意義了，你會換上較不常見的服飾。

求道者：你是說我會脫掉僧袍？

導師：不，那會是你自己的決定。一旦你了悟真理，你就會自覺自願地換裝，無須我來告訴你。

求道者：難道如冥想等系統性的靈修方法，是毫無意義的嗎？

導師：無意義。為了達至真知，根本無須任何練習，無須特定的練習。

求道者：難道說它就是那樣自行生起來了？而我們無須為之做任何事？

導師：你是自動自發、毫不費勁地知道世界的存在，還是你需要努力方能知道世界的存在？

求道者：我不知道自己為之而努力過，但它是一個心靈的創造，是我自己心目中的世界形相的再度確認。

導師：你是費了力氣才知道世界存在，還是你毫不費力就知道世界存在——就是這個問題。真我之智與此問題很類似。

求道者：普遍的教導是說，必須等到特定的條件成熟才會證悟。但您的教導卻彷彿在說證悟無須特定的條件。

導師：「真知」不像水果，無所謂成熟或青澀。你知道「你在」，你具備這份「我」的意識。只是目前你把自己誤認為身體，還為這個身體命名，以為自己就是此身，以為自己就是此名。但我說的是，在此身之中，就有著意識的臨在，或者換句話說，就是有著「我在」的真知。你應當把自己認同於此真知，那就足夠了。

求道者：那一個人的營生呢？它也是自動發生的嗎？或還是得投入點精力來打理自己的生意？

導師：它也是自動自發的。就如你白天醒來，晚上睡覺一樣。同樣地，你的生意也是如此地自動發生。

求道者：我現在穿著僧袍，如果我決定把它脫下來，那就是另外的一個決定。然後我又可能落入一個新的限制當中，於是我又可能做出其他的事來，所以脫不脫僧袍其實效果都一樣。

導師：更進一步，這具身體也只是件衣服罷了！你必須理解自己並不是一具身體，你並不是一件衣服。

求道者：您的意思是說從某種程度上，身體會照顧好它自己？

導師：身體不過是一堆食物罷了！

求道者：但我們還是必須靠食物為生啊？

導師：無論你攝入何種食物，最終會轉化為這具身體。相應地，身體也是意識的食物。所以，你帶著食物而來，帶著身體而來。但問題在於你必須對自己有一個正確的認同。

求道者：您是建議我們認同於某物或不認同於某物？

導師：實際上，你應該知道自己是什麼，而不是把自己當成是什麼。

求道者：我正打算去歐洲看望父母，我很確信他們對我會有某種看法。或許對我而言，最好的態度就是完全忽略掉他們的看法。或許他們不太喜歡我穿著僧袍的樣子，因為歐洲人對於僧侶會有某種特定的反應。

導師：但我卻不在意那些事。你無論怎樣穿戴，我都無所謂。

求道者：不，並非服飾，而是態度。例如，我若是脫下僧袍，以此來討好父母，那倒是會順他們的意，符合他們對我的預期。

導師：但那還是無關緊要，你問的是你的真我——你的真實身分。如果你參加這樣的談話，然後帶著理解與真知回國，你的父母仍然有可能並不看好你的行為，他們可能並不喜歡。所以，我建議你還是別待在這裡了。

求道者：如果我真的想要關愛我的父母，就如我關愛自己並渴望了知自己那般的話，那麼，唯一對我父母有益的事，就是告訴他們「了知自己」是何等地重要。

導師：現在我不太清楚你到底喜不喜歡僧袍？或者說到底是你喜歡僧袍，還是他們喜歡僧袍？你喜歡這件僧袍嗎？你對它滿意嗎？

求道者：如果他們喜歡僧袍的話，那我就肯定不願也不想把它脫下來。

導師：那麼，你的父母喜歡僧袍嗎？如果你穿著這身僧袍回去，他們會喜歡嗎？

求道者：我不知道。因為自從我穿上僧袍之後，就再也沒有見過他們。

導師：你今、明兩天來吧，之後就不用來了。當然明天你還可以來。

求道者：為何我以後都不能來了呢？

導師：你已經買了那本書，兩卷本的《我是那》，現在你就讀書吧！

〔一位新訪客到來並提問。〕

求道者：我讀過《薄伽梵歌》、《奧義書》，也研究過一陣子生命能量。請問在冥想當中應當如何去除雜念的干擾？

導師：去除念頭當中的干擾？

求道者：是的，去除心智中的干擾，令冥想無礙進行。

導師：是什麼在干擾你呢？

求道者：我會分心，注意力不集中。

導師：你所謂的「冥想」是什麼意思呢？什麼是「分心」？

求道者：當我專注於咒語（梵mantra）或呼吸時，心裡卻會生起其他的念頭，讓我的專注受到影響。

導師：看來你還是未理解何謂「冥想」。心智是一種流動的力量，總是在不斷地流動，也就是說語詞在不斷地產生，就如井水不斷地湧現。當你不被捲入念頭進程、語詞流沙或心智之流時，你就超越心智。當你能夠處在一個觀察心智的位置上時，你就跟心智分開了。

求道者：我覺得這樣做很難啊！

導師：在冥想當中，你應當靜坐，並且只與「我在」的真知保持認同，同時你要堅信自己並非一具身體，必須安住於那份「我在」的真知中，而非僅僅只是念誦「我在」這兩個字。身體這具形象完全無法表徵你的真實身分；同樣地，賦予你或身體的名字也不是你的正確身分。加在你身上的名字，或你聽別人說的關於你的名字——你接受此名並把它當成是自己了。同樣地，你看見自己的身體，然後認為自己就是這具身體，而在冥想當中，你應當放棄這兩種不實的身分（名字和身體）。而你內在的那份無言的「你在」的真知，那才是你。你必須讓自己持續且穩定地安住於那個真實的身分中。然後，無論你有什麼疑惑，都會被那份真知所驅散，於是整個宇宙的奧秘都會展現在你面前。

你內在無言的法則——「你在」，我們可以將它稱為「阿特曼」——真我。你就是那個真我，你不是一具身體。你的冥想就是要專注在這份「我是真我」的信念上，而不是身體。真我或「阿特曼」會放下身體，這就是世人眼中所謂的「死亡」。但對於真我而言，死亡根本就不存在。

我再重複一遍：「阿特曼」丟棄身體，那是身體的死亡，但是真我或「阿特曼」不會死亡。然而，若是某人說：「我是這具身體」，那他肯定會死。

是誰在通過智力理解這一切？固守那個「誰」，而不是固守智力。抓住「那」，成為「那」。

求道者：我的問題是，是否有某個有效的途徑幫助我們達至解脫？而在所有的道路中，是否有什麼顯著的標誌說明我們判斷哪一條道路最為合適？

導師：你還是好好地聽講吧！聆聽現場的講解，跟隨那個，安住於那個，並成為那個。別問我其他的道路，我正在解釋的這條道路，你只需要好好地聆聽，然後安住其中。

求道者：我們怎樣才能知道這個呢？

導師：你聽不見這些談話嗎？你能聽見嗎？如果你聽見了，你就成為那個好了。

正如我先前所說，時光匆匆而過。你是否能先停止提問？你的起點不錯，你問了非常相關的問題。

求道者：我的興趣點在於練習，如何展開練習？

導師：在這個連接當中，忘掉所有身體方面的紀律。我正在告訴你的是那個內在的「我在」法則——「你在」的真知，你必須成為那個，只是成為那個。帶著「我在」的真知，抓住「我在」的真知不放。

求道者：很難放棄對於行動的執著，哪怕是在您教導我們的冥想中，也很難時刻記住

「我在」——「阿特曼」的真理。

導師：你知道自己正坐在這裡，你知道「你在」，你是否需要做出特別的努力方能抓住那個「你在」？你知道「你在」，安住於其中，無須其他。那無言的「我在」法則，本身就是所有自在天之上主。

求道者：修行的第一步無須虔敬嗎？

導師：第一步或第二步，我給你的同時是第一步和最後一步！那無言的「我在」真知，本身就是自在天。他——自在天，不需要另一個幻相代理或仲介。非常地直接。

求道者：問題是有時我們會陷入心智的弱點裡，令覺知黯淡無光。

導師：是誰陷入心智的弱點裡？你還是從認同身體的角度來看問題。真正的「你」不是身體，真正的你無法被任何武器觸及或切割。

求道者：唉！這陰魂不散的錯誤認同。

導師：如果你把自己當成是一具身體，這種錯誤的身分就必須被拋棄、犧牲掉。你的真實身分既無身體也無思想，你就是真我——自發的「我在」真知。因為真我並非身體，所以它無所謂男女。

因此，為了有正確的理解，你必須是無身體的，必須蛻去所有的身體感覺。只要你還帶著這個身體的身分，那麼，無論你如何努力想要理解真我，都只是徒勞無功。你必須完成這個誓言——你不是一具身體，你只是那內在的「我在」法則。

求道者：所以，我們無須任何的努力，就能夠和內在的這個法則待在一起？

導師：你所謂的「努力」是什麼意思？你想要擁有什麼？獲得什麼？

求道者：我依然試著努力成為「我在」。

導師：你只要知道那個，何須任何努力？無須努力，因為你就是它，你只是必須堅定不移地代表它。

求道者：也就是說，只有當我們依然深陷身體意識中時，才會有「努力」的問題？因為我們依然執著於自己的身體不放，這有點像是一個陷阱。為何我無法真正安住於「我在」的狀態中呢？因為我感覺到了某種執著，所以我想把自己從那份執著中釋放出來。

導師：你無須試著將自己從身體感中釋放出來，一旦你安住於這個——你不是一具身體，你只是內在的法則——那就足夠了。當你對此深信不疑之後，哪裡還有什麼要把自己從身體身分中釋放出來的問題？

〔馬哈拉吉最親近的一名信徒，同時也是他的一個親戚，一個月前去世了。所以，他舉了下面的例子。〕

那個H先生已經不在了，我知道他不在了。同樣地，你必須堅信「我不是一具身體」。你必須深信不疑：我不是「身體—心智」，我只是「我在」的真知。如果你悟到這一點，你就悟到了全部。你看，我對於你們任何人都沒有執著，為何我會有這樣的感覺？因為我對於自身都沒有什麼感覺，而且我對於這個意識也沒有任何興趣。若是這個意識離開了，我也完全無所謂，因為我根本不是這個意識——這有點超越了我曾經告訴過你們的修行步驟了。首先，我們還是要安住於意識中的，那是第一步；然後，我們要明白自己其實並不是那個意識。這種理解真是應當和每個人分享，甚至我們用「理解」這個詞也不對，應當說是安住於真理中。我所做到的，每個人都能做到，也將會做到。

有一個對句寫的是：「真正的聖人能夠當下轉化自己的信徒，將他變成自己——他的真我。」智者已經達到最高的階段，穩固地安住於終點，他已經在終點了。因為他穩定地安住於終點，所以對他而言，無有任何移動。

我們通常會說修行的各種道路，而道路則意味著「移動」。我可不接受任何的道路，你已經在終點。那就是我的教導。

求道者：然而，在有些時候，您也會承認修行中確實有需要遵循的準則。您在《我是那》中專門為初學者指出過。

導師：你必須清楚地明白，你既非男亦非女。如果你仍舊把自己當成是男性或女性，那就意味著你還是把自己當成是一具身體，依然是從身體的角度來試圖理解你的真我。這事的發生猶如一場意外，假設你經歷某場意外，失去了一條手臂，你知道手臂不在了，這就是一種身體的表達法。同樣地，當你稱自己為男性或女性時，也是一種身體的表達法。也就是說，你的參照仍然是身體，你依然認同於身體。

帶著堅定不移的信念，你安住於這份「我在」的真知當中，剝離掉所有「身體—心智」之感，只有「我在」。如果你安住其中，如果你心無旁騖，那麼在適當的時機，它會變得成熟，它會向你揭示一切的真知，於是你將再也無須四處拜師遊學了。

求道者：自從我一週半以前遇見您以來，聽過您剛才說的話，您那無庸置疑的斷言，我明白了，真正重要的事是實修，至於四處收集概念的遊戲則毫無意義。這些概念的收集改變不了任何事，無助於解脫，它們都只是些垃圾。我感覺唯一重要的事，就是跟隨您的誓言，那是命中注定要做的事，這樣的人生才會有意義。自從《我是那》進入我的生命以來，它就成了我唯一的老師。現在我又有機會來到這裡，當面聆聽您的教導，我再也不想到其他任何地方了。

導師：我同意你所說的。但為什麼會像那樣呢？那是因為真我不可能有任何的影像，你不可能說我就像是這個樣子。

求道者：超越所有的語言描述。

導師：它無法通過感官來觸及，也無法通過心智來理解。

求道者：您先前說過，問題不是要清淨心智，是只需安住於「我是那」中就好。就在那一刻，例如，當我感覺到自己被工作、藝術、兒子或其他任何東西佔據時，就在那一刻，那份佔據、喜悅或悲傷正在干擾到我對於「我是那」的意識。我知道「我是那」，但我此刻卻被各種感覺完全佔據了。

導師：你的意識在你之內被擾動起來了，不要冗長，簡明扼要地把它表達出來。但你作為意識，是不會受到任何攪擾的，因為它不可能被任何外界的結論所觸及，因為那個結論並非意識。讓我們假設你在銀行裡有一大筆存款，現在外面發生了一些事，但你的存款不會一下子就變成負債了吧？同樣地，你的意識其實也不可能受到任何事情的攪擾。

求道者：那就意味著我並不擁有這個意識，我以為自己擁有意識，但其實我沒有。

導師：那個「我」本身就是意識；問題不是說我是那個意識，而是說「我」本身就是意識，只是你不要說「我」這個詞。無庸置疑地，「你在」；那個「你在」本身就是意識。

求道者：我有一個意識，但我必須成為意識，是這樣嗎？

導師：這一點很微妙。早上你從床上醒來，你知道自己醒來了，你現在知道了清醒的狀態。那個知道清醒狀態的「你」應當存在於清醒狀態之前吧？

求道者：是的。

導師：從你醒來的那一刻開始，或從你觀察到清醒狀態的那一刻開始，你就緊抓著世界不放了，而且對「我是一具身體」深信不疑。

你必須理解這整件微妙的事。那個區分出或認出清醒狀態的法則，就是神的狀態；我們知道「我醒了」，便開始抓住身體不放，那就是身體的狀態，或個體的狀態。那就相當於是從神的狀態中跌落，墜入一個相對粗重的狀態中，因為在清醒狀態中，抓住「身體—心智」當成是自己，這個「個己的自我」比「大我」可要粗重得多了。

對於新學員，我不想再繼續一遍又一遍地重複初階的課程了。你必須帶著警覺，專心聆聽我的講解，然後照著練習。

為我自己（也就是說，在馬哈拉吉的層級——「絕對」的層級），我幾乎無須動到心智。我不會為了自己的事情勞心費神，冥思苦想。那麼，為了大眾的福祉，我又何必耗費心力去一遍遍地重複闡釋呢？

一旦你真的理解我說的話，一切都會變得不同。而我不斷地重複說，並不是每個人都能理解我。如果你真的理解，一旦你真的理解，你就會與我如此之近，就會明白原來所有這些全都是幻相，無論它是什麼，你都清楚地知道它本身就是幻相。然後，你就會高舉雙手，放棄所有，因為你已徹底明白，原來它們全都不是真實的。

現在正在發生的是，無論人們看到什麼，都會把所見之物當真，以為它們是實存之物，在此基礎上他還想令其增長。無論他繼承了什麼，他都會把它看作可靠的存在，認為它值得擁有；無論他擁有什麼，都渴望擁有更多。然而真理是：他自己本身只是一個客體，而且無論他想什麼或做什麼，全都是幻相。因此，他所擁有之物，也注定虛假不實。所以，若想看見真相，人類看事情的眼光必須徹底改變才行。如此，他方能了悟真理。

這個意識本身就是一切不幸之源。因為一旦你有了意識，就埋下了那顆想要一切的種子——想要更多，更多，這顆不幸的種子就潛伏在意識之中。所以，你需要理解這一點。

關於謠傳，人們總喜歡說些輪迴轉世的事，說某某轉世了多少次。但即便是智者，他是否有覺知到哪怕一次的出生，那就應該被說成不只有一次出生嗎？

不可能有任何的智者能記錄到他的第一次出生，「我在」的概念就是那原初的幻相。這個幻相——這個原初的「我在」概念，需要某種支援，於是神、自在天就誕生了，連帶整個顯相界、整個宇宙，都被創造出來，否則就絕對沒有任何事物。在許多智者當中，也只有那非常罕有的一位，知道這個原初概念的真實本質。

口譯者：馬哈拉吉說，他沒有任何需求，什麼都不想要。他也不會因為你無法達到他目前所在的境界，而生出任何想讓你來到這裡聆聽他教導的欲望。這一切全都不重要；他是「絕對」，在那「絕對」之中，他什麼都不想要，也什麼都不需要。而你也會得到所有你將要得到的，那些不過是你的概念遊戲罷了！當你來這裡時，心中帶著各種概念，而這些概念會帶給你娛樂。但超越這些概念之外的，可能你就聽不懂了。

看看他，他是一個普通人，一具普通的身體，但現在全世界都知道他是一個偉大的哲學家，所以你們都來了。

導師：但我對於自己而言是什麼？事實上，我現在處於「絕對」的狀態——其中無「存在」，亦無「非存在」。我和現在你們所見到的這具身體完全無關，至於這具身體能帶給你們一些什麼，我完全不感興趣。就我自己而言，在我現在所處的狀態中，「存在」和「非存在」都不重要。

你覺得如果我做這個，我就會得到那個。但當你了悟真理之後，你就會明白其實什麼都沒有，不論哪個都不存在，你也不存在。因此，無論你得到什麼，又有何意義呢？

有人說我病得很重，但你們的理解和你們之所見根本毫無意義。所以，我對這個疾病無須做任何事。我已經告訴你這個真理，卻無人能懂，無人能明瞭。

求道者：今天，您非常強調「非存在」，甚至提到連您自己都不存在，所以我想問，既然「我在之感」或「存在」本身就是受制於時間之物，是某種幻相之果，那麼在此「我在之感」生起之前，是否存在著某種更為真實且長存之物呢？

導師：無論那是什麼，「我在之感」都已經幻滅。而幻滅之後剩下的那個堅實之物，我們稱之為「超梵」——超越一切幻相的實存。

「swartha」是馬拉地語中的一個雙關詞，「swa」意指「自我」（self），「artha」意指「意義」（meaning），「swartha」意指「自私」（selfishness），同時也意指「自我的意義」。所以，自私心是怎樣進來的？那個「swartha」意味著「我想要為自己做點什麼」。一旦這個意識開始運轉，各式各樣的需求和欲望就啟動了。然而，在那之前，是什麼模樣呢？在這個意識進來之前，我既無需求，也無欲望，我是完整的，無所欲求。需求和欲望都是意識來到我身上之後產生的，一旦我了知真我的真義，我就證悟到原來根本就沒有「我」這一回事；「我」並非真實存在之物。所以，究竟是誰在想要任何東西？只有當我還把自己當成是某種實體時，那麼因著這種意識，我才會想要某物，於是我所有的需求就都來了。因此，這個含意有兩方面：一方面是想要某物；隨後的另一面則是什麼都不想要，因為那個想要任何東西的主體根本就不存在。

口譯者：馬哈拉吉告訴我們的所有東西都來自於他自己的直覺體驗。所以，他說的才是真理。但同時他還告訴我們，他能做到的事，我們每個人都能做到；適用於他的法則，同樣也適用於每個人。所以，如果他說（他確實經常這樣說）「某事發生在『我』身上」，或說「對我而言，我根本就不在意」時，他一方面是將我們排除在外，但同時也是在說，無論他的直覺體驗是什麼，那都有可能成為我們每個人的直覺體驗，具有可能「成為」的潛力。

求道者：所以，我們才會來到這裡，而不是跟其他的哲學家混在一起。

導師：談到哲學家，所有的哲學家都在做什麼？他們只是在表演哲學。所有那些對你而言最為親切的概念，全都是你對真我所抱持的形相。你的自我形相就是那些對你而言最為親近的概念。〔對著其中一位訪客說〕現在他穿著佛弟子的僧袍，但這無外乎是個概念罷了！當你去畫廊、電影院或劇院時，你正在看的是什麼？你是否有看見那原初的真我？你所見無外乎是些表演、表演再表演罷了！而且這些表演將無休止地進行下去。所有人都在扮演他們的角色，有時我是這個樣子，換個時空我又是那個樣子。這當中有任何真實的東西嗎？沒有！

這個不知何故就顯現出來的東西，把無數的角色加於己身，充塞於世，就如「梵」或自在天。但請記住，這個「我在」的真知並不會永存。

我總是不斷地讓你們練習冥想。為何？因為那份作為意識的真知將會向我們揭示出嬰兒狀態的上主克里希那之奧秘。那份奧秘是什麼？就是嬰兒狀態的上主克里希那，正將自己顯化在無數的形相之中，而作為其內的意識。我們將會明白，或者說這份真知會向我們揭示，那個將世間萬相如同衣服般穿戴於身的那位，其本身無形亦無相，也無有任何的時空屬性。正是憑著那個，意識才可能穿戴出各式形相，而那本身卻超越時空、身分，無有限制，亙古如初。

讓我們再說兩句關於這嬰兒狀態的上主克里希那的事：它會告訴你為何會出現這個嬰兒的身體，以及如何出現；它會告訴你意識是如何出現的，向你揭示意識與身體的如幻本質；它會告訴你原初狀態超越時空，無有形相，而時空中的一切顯相皆為幻境。一旦你意識到這個真理——意識是突然發生於你身上的，你就會從一切欲望中解脫，你就再也一無所需了。

回到你的嬰兒狀態，你才會明白那個穿戴出世間萬相之物，本身無形無相。任何人，若聽聞此道，衷心讚歎，信受奉行，將達至一切奧秘之根柢。

第九章　最終，你必須放棄與此意識的連結

一九八〇年七月十二、十三日

導師：有些自認為在傳遞真知的人忘了一個基本的事實——他們還是受制於表相。有些傳授知識和接受知識的人，情不自禁地展開模仿秀，模仿其師承者的言行舉止。於是，老師穿什麼，他就穿什麼；老師喜歡的動作，他也照做不誤。而所謂的傳遞「真知」，也變成了概念的遊戲。這就是傳統（宗教）習俗的建立過程，那些傳統的禮拜儀式就是這樣逐步形成的，但所有這一切都和根本的真知無關。

你曾經聽說的一切，你曾被告知的一切，對我而言都不具任何意義。我只想知道，你是否接受這個事實：你唯一真正具備的知識，就是「你在」的真知，就是這個意識。除此之外，無論你自認為擁有什麼知識，都不過是些謠傳罷了，都只是些後天學來的東西，全部奠基於虛幻的意識。是不是這樣？

求道者：對我而言的確如此。這份真知徹底地剝離了我來時的包袱，我對於自己過往

所學再無絲毫興趣。

導師：剩下的就是「我在」這個基本概念，那是唯一剩下的一個概念，但即便是它，也必須離開。如果你抓著它不放，那它就會生出一堆的負擔；如果你忽略它，它就只好離去。

求道者：我感覺自從跟隨您以來，我就開始被您一次次地拉回到「我在」之感當中，我意識到安住於「我在」之感，是絕對必要的事情，由此我們才能超越它。其他的事我可以想、可以說、可以做，卻全都偏離了您給我的核心教導。我最先是通過讀您的書而接觸到您的教導，後來在您的現場臨在之下，我的信心徹底地強化並臣服於您的教導；您的話就是恩典，通過語言的形式向我流傳。

導師：最後，人還是必須要放棄與這份意識之間的連結，那是最為究竟的目的。

求道者：我們總是在心智的層面對自己做出無數的假設，而您的教導則如心智無法理解的悖論，打入我內心最深處。就如某個假設必須化解掉自己造就的關於自己的所有假設，當那不可思議的恩典降臨時，我們彷彿是跳出了一般的自我定義，跳出我們習慣的「我在」界定。這真是無法言表啊！

導師：那些展開靈性追求的人，希望有所得。但當他理解我說的話之後，有所得之心就消失了。

求道者：「期待」本身消失了。

導師：那些到死還在牽掛著家庭的人，不可能理解我說的話，不可能領悟真知之秘。如果一個人真的正確地理解我的教導，這人的最終結論將會是明白「我」根本就不存在。於是哪裡還有所得之心？哪裡還有什麼想要之物？那麼，無論世俗之物或非世俗之物，哪裡還有什麼所謂的追求？誰來追求？

意識是自發地發生在你身上的，而這個自發來到之物，也會自行離去。所以，你能把什麼當成是自己的身分？在你毫不知情的情況下，那個意識就自行降臨於你了，是不是這樣？

求道者：絕對是這樣的，意識的來去與我完全無關。

您今天早上談到「欲望」，說若是某人已完全解脫，那麼，他將以「絕對」為家，而平息所有的欲望。我有點疑惑的是，您的這種講法，是從「絕對」的角度而言嗎？因為我觀察到，只要這個身體還存在，欲望就不可避免地會產生。究竟是他們的欲望變得更加合理合法，不再對這些解脫者構成束縛，還是他們真的已徹底地根除了欲望，除了維繫這個「身體—心智」的正常運轉之外，毫無其他的衝動和想法？

導師：智者可以做所有他想做的事情。從外表來看，他彷彿還有欲望，而且也在試著滿足這些欲求。但是，究竟而言，當他知道自己其實並無任何身分時，他就是「絕對」。那麼，誰還會從這些欲望中受益？誰還會在乎這些欲望？

求道者：欲望的驅動力消失了，這一點非常地明顯。

導師：當你聽完這些講解以後，你對自己感覺如何？

求道者：我的內在還是會有欲望生起，我並未完全從中獲得自由。這點非常地清楚，而且這個「身體—心智」依然臣服於命運法則。您的教導所傳遞給我的主要訊息是，世俗的生命和靈修的生命完全可以並行不悖，您教給我的靈修方法能完美地協調兩者。升騰的欲望也會失去它們的驅動之力，不是因為我做了什麼努力，而是因為我簡單地轉向了實修，而非如以往那般地專注於欲望。

導師：如果你認為自己有名稱、形相和身分，那麼，欲望就會影響到你。但若是你明白自己原來不受任何形式的限制——無有膚色、名字、形相，那麼，那些欲望還能影響到誰呢？

求道者：人們剛開始靈修時，往往會感覺很鬱悶，因為他們來到靈性導師身邊時，一方面感受到恩典的臨在，另一方面卻發現自己的欲望變得更加強烈，而非奇蹟般地減弱或消失。這就如您兩、三天前所談的，生命能量在增強，淨化開始發生。據我的理解，您其實是在說，我對這些欲望事實上是無能為力的。當然，這只是我的理解。而我們唯一能做的事情，就是帶著更大的真誠與力度，轉向這個練習，而把欲望交還給欲望。

導師：你沒有必要故意忽略自己的欲望，只是把自己的注意力放在你的「我」的意識之上，就足夠了。

在食物精華中，生命元氣的脈動發生了。而生命元氣包含這份「存在」——「我在之感」的一觸。而那「我在之感」的一觸（或意識）在身體和生命元氣的協助下，展開世間的一切運作。若非有意識在場，沒有任何人會感受到生命元氣。在這整個組織當中，你的身分是什麼？你是什麼？

求道者：我是這一切的觀察者。從我聽過您的教導來看，並不是說生命元氣獲得解放之後就會消失。非常明顯的是，生命元氣依然在您的身上運作。

導師：你在觀察什麼？

求道者：觀察生命元氣在身體裡的遊戲。

導師：與此同時，難道你未觀察到意識嗎？只要生命元氣在場，意識就會在場。那份意識或「我在之感」被命名為「自在天」、「神」。等到生命元氣離開，「神」的法則也隨之離去。

求道者：生命元氣代表的是那能為我們注入生命活力的能量，當我在做您所吩咐的練習時，最能強烈地感受到它的活動。在那種「我在」之感中，人們通常能感受到自己都忽略而發生在身體裡的各種事。我不太確定您是否在問這個。

導師：我問的是你是否有同時觀察到意識？你說從你所在之處，能夠觀察到生命元氣及其通過身體活動的運作。

求道者：我感覺無法觀察到意識……

導師：你能夠觀察到意識嗎？你是如何知道「你在」的？意識知道這一點，身體可不知道。

求道者：我覺得「意識」這個詞有多種不同的用法。對我而言，意識就是「覺知」本身。我知道你所使用「意識」的這個字眼跟我所理解的不同，有更特別的意義，但我覺得意識就是覺知……不，我不覺得意識是某種你能觀察到的東西，我想這種對於「我在之感」的定義是一種你渴望知曉的「禮物」。

導師：你是否有觀察到意識？你是否有觀察到「我在之感」？

求道者：是的，有時可觀察到「我在之感」。

導師：在很多個時辰裡，你都在見證意識——那個「我在之感」。這是指你知道「你在」，那就是全部了。「見證」就是這個意思，因為你知道「你在」，所以你知道其他所有的事。首先，「了知」（Knowingness）知曉其自身，知曉「我在」。然後在那「我在之感」（或意識）的光照下，你觀察到其他的一切。我不得不反覆講解同樣的課程，但我真的不想老是開辦靈性的幼稚園。

口譯者：人們喜歡參拜聖人，瞧上一眼；但對於真知卻興趣缺缺，尤其是馬哈拉吉課堂上所講授的這種最為深刻的靈性真知。所以，馬哈拉吉說：「既然人們都喜歡那麼做，你就告訴他們，你們已經見過我，所以現在就可以走了。」他現在不會再邀請任何初學者前來。在過去，他的體力充沛無比，他會時常邀請人們前來，對他們說：「來吧，把這個拿走吧！」但這樣的日子已經過去了。

他現在所處的狀態，已經無所謂神或信眾、智者或信徒想聽他談話的問題，那些分別已經消失。所以，他為何還要煩惱其他事呢？從他的角度而言，無物存在，一切都是幻相。所有這些，他都已經非常詳細地闡釋過了。

求道者：有時，只是一個術語的運用問題，而不是學員們的誤解。有時我覺得在將馬哈拉吉的教導翻譯成英文時，應當更注重術語運用的一致性，否則大眾對這些術語的一般理解偏差過大，將會失去他教導當中那完滿的力量。

口譯者：這些譯文都是照著馬哈拉吉自己的靈性詞彙表翻譯的。

求道者：人們將不得不回復到使用梵文術語的狀態，然後花上大量篇幅來解釋這些術語。對應的英文詞彙不夠，無法解釋馬哈拉吉的這些開示。

口譯者：英式英語和美式英語之間也有不同。

求道者：我知道，因為我就是在英式英語的環境下長大的。

口譯者：我們也有一些困難。以梵語「vijnana」❶一詞為例，它被用在物理學和其他一些學科中，但在此處，它被用來指稱「絕對真知」（absolute knowledge）。梵語「ajnana」❷則是最低級的，意指「愚癡」、「無知」。梵語「jnana」代表「知識」，而「vijnana」則超越了知識——馬哈拉吉如是說。

導師：你看，這個「我在之感」在通常情況下是五種元素之間的交互作用和遊戲。植物從土當中長出，在水的協助下開始發芽。從植物中，精華被提取出來；這些精華是一切生物的食物，從中又生出人類的糧食。從這份食物的精華中，「我在之感」得以維繫。食物被儲存在一個身體形相中，不斷地被生命元氣消耗，而在消耗食物的過程中，生命元氣又維繫著「我在之感」的火焰，使之不滅。若想擁有「我在之感」，食物之身和生命元氣是必不可少的要件。簡言之，我們可以說「我在之感」是食物之身的精華和生命元氣通力合作的產物。正因如此，「我在之感」或意識才延續下來，而得以存在。

現在這個意識，當它跟「身體—心智」攪在一起時，就是個體性。它會受制於身體和心智，心智不過是概念的累積罷了！五種感官（眼、耳、鼻、舌、身）收集攏來一大堆存貨，就變成心智。而無論你說出什麼言語，依然屬於心智的範疇。所以，當意識被身體和心智所限時，它就是個體性、個人性。我總是告訴人們，你要藉由不認同於自己的「身體—心智」，來剝除自己的個人性。當你這樣做時，你就成了顯現的法則，就不再是一個人，而是純粹的意識。

當你處在這樣的純粹意識狀態中時，你就能觀察到心智之流，觀察到念頭生起，而你卻不是念頭。你不會認同於念頭，因為是你在觀察身體及其行動，所以你並非身體及其行動；你與身體毫不相關。如此一來，你就處在純粹的意識中了；這是第一步。當你只是純粹的意識時，你就是一切顯現，你必須認識到這一點。然後，因為你存在，所以一切得以存在，你的世界和你的神都得以存在。你是一切之因，你是一切萬物得以存在的先決條件，無論這一切萬物是你的神或你的世界。你只是安住在意識中。你的注意力中只有意識，別無他物。那就是冥想。

現在，下一步就是我們早上提出的問題——你身處的位置能否觀察到意識？這同時也是最後的一步。當你身處的位置能觀察到或見證意識時（當然，同時你也能觀察到生命元氣、身體及其行動），那麼僅憑此觀察本身，就證明了你和意識是完全無關的兩回事。

求道者：您前些天曾提到過這一點。第一步是安住於「我在」的覺知當中，然後逐步確認、強化並鞏固這種狀態。那麼，此人就能處於見證者之境，冷眼旁觀過去自以為是的那個自己。

---

❶梵語「vijnana」也指「靈性的真知」（spiritual knowledge）。

❷無知（梵ajnana）：「智」與「知識」的反義詞。

導師：所以，當你處在能觀察意識之境時，你就超越了意識。那麼，你就處在我們所謂的「覺知狀態」（the awareness state）——「絕對知識」或「智」的狀態。這種狀態是否有在你之內堅固地扎下根來？或是你仍在繼續搖擺不定，猶豫不決？

求道者：自從我來到這裡以後，這個核心的「我在」之感變得穩固得多。我甚至都無須回家，一天兩次地打開書本閱讀，然後才想起我應該做什麼。我發現自己現在自然而然地就會被拉回到這種狀態之中。

導師：對於意識的見證，究竟是我們需要去做的一件事，還是必然發生的一件事？你現在是否還無法回憶起對於這個問題的答案？在讀完《我是那》之後，你仍無法得出見證意識是必然之事的結論嗎？

假設你剛結婚，你知道此後自己跟以前已有所不同，你的狀態發生改變——你見證你的妻子，你知道自己是一位丈夫。同樣地，在讀完《我是那》之後，你知道意識就在那裡。難道它（意識）並未正在見證意識嗎？讀書是一回事，但真正把書中的真理應用到你的生命中，則是另一回事。當你理解我所說的話以後，你是否已能看穿自己的真實身分？你能否開始明白自己的真實身分？

求道者：片刻的領悟，是的。就如日出東方，那光芒勢不可擋，我能夠覺知到它。

導師：你能否理解黎明？在日出之前，你能否理解何謂「日出」？

求道者：從理智的層面能夠理解。

導師：不見得。

求道者：你無法見證到它。

導師：那個「我在」的真知，它是否有任何可觸、可感的形相？這一點是否已經非常地明晰？那麼，你又將如何開展你的日常活動呢？既然你知道自己天生就無形無相，那麼，你又將如何審慎地履行你的職責？

求道者：我無須履行這些職責，它們是自動發生的。

導師：你能否完全地抹去你所代表的那個「出生」符號？

求道者：無法完全抹去。

導師：那麼，你如何能說自己已了悟真知呢？

求道者：我從未說過那種狀態很穩定，它是……我只是說有時會生起您跟我們描述的那種感覺，它勢不可擋，清晰無比。

導師：你顯然會感覺自己已經理解我的言詞之意。但你理解的到底是什麼？現在，你有可能為那種狂喜狀態而歡欣鼓舞。但它能持續多久呢？這種喜悅的狀態能維持多長時間？它就如升騰的火焰，依靠的是底下的燃料。

求道者：狂喜依然受制於時間。

導師：有什麼是不受制於時間的？「你在」的體驗受制於時間，你知道「你在」，那就是一種受限於時間的狀態。意識本身就意味著一種受時間限制的狀態，而且時間是自發顯現的。這個意識或「我在之感」就是時間，我稱之為「kala」，「kala」就是時間。隨著意識的出現，時光之輪就開始滴答作響。所有這一切都是概念的遊戲，這個「我在」的基本概念是自發出現的。它喜歡「我在」，它愛那個「我在」的狀態，它喜歡吞食更多的概念，然後深陷其中。那麼，所有這些概念的源頭是什麼？就是這個基本的「我在」之感。但請不要忘記這個事實，「我在」之感本身只是一個受制於時間的概念。所以，這一切不過是心理的娛樂罷了！

世界是一個幻相，它並非恆常。它為何非真？因為你在此所獲得的每樣知識都無法如真知般永世長存。我有一堆的身分，我是一個小孩、小男孩、青年、中年人、老人。就如其他的概念般，我認為它們也會永存不易，但它們卻總是讓我失望。最後，我已經非常衰老，吃飯都必須要人餵食，如你所知，就是用一個瓶子餵食。那麼，對我而言，哪個身分才是真的呢？

隨著年齡增長，日漸成熟——儘管一方面你會愈發成熟，但另一方面你卻不斷地在被歲月敲鑿、削弱。一方面隨著年齡增長而愈發老化，另一方面我的剩餘壽命正被逐步削減。無論我一路收集什麼身分來充當我自己，或當作我的知識儲備，我最終都得捨棄它們。到我死的那一刻，就一無所有了。

從童年到老年，你有著身體的、精神的和概念的各式各樣連結。這些連結不會一直跟著你，它們終將流逝。最終是你與「我在之感」的連結，你一直認為這份連結會時刻陪伴你左右，但最終它仍將離你而去，因為它也受制於時間。所以，當身體死去時，那個從小到老陪了你一輩子的「我在」之感，也將離你而去。因此，那個永恆的真理並非那五種元素能把握的，它超越五種元素所能觸及的範疇。但凡是你所見證到的，都在不停地變化。你所見證到的是不斷變化的狀態，但見證本身卻是不變的。而最終當見證都完全停止時，剩下的就是永恆的狀態。這個謎底只有在你了悟關於你「出生」的真知時，方能揭曉。

求道者：那怎麼可能呢？

導師：別問我，轉向內在，問你自己。你絕對擁有那份關於你「出生」的真知。

求道者：是的。但在這個人世間，哪怕你走在正確的道路上，哪怕你一路行善，卻難得有好報。

導師：你在早上覺得正確的事，到晚上你就覺得不正確了。知道那個的法則甚至都未出現在《我是那》的書本中，那本書裡裝不下那個信息。那個法則是什麼？

求道者：沒有一本書能夠裝下它，沒有言語能夠描述它。

導師：如果你理解它是超越一切語言的，那麼當你真的證悟時，你是否還會帶著那份驕傲或小我說：「我已證悟？」

求道者：再也不會了，不可能再那麼說了。

口譯者：為了讓人理解那一點，馬哈拉吉不會順著提問者的話說，他反而會針鋒相對地迎上去，毫不留情地反駁，就彷彿他是魔鬼的代言人。

求道者：這正是他對於我們的偉大服務，如果我們還想著要向他呈現出某種形相的話，我們就必須看到這一點。他帶給我們強烈的感覺，如果我們真的聽進去並理解他說的話，那麼，就不會再有任何不安，因為在我們之內將不再有任何地方會受到他的威脅。然而，現在還有（受威脅之處）。如果我們真的找到那令小我無處容身的喜悅，那麼，在我們之內就不會再有任何的不安全感——沒有恐懼、焦慮。我感覺在求道的路上，我們就是應當祈禱借助他的恩典，能以相同的不耐煩對待我們，就如他有時對我們顯出的那種不耐煩一般。當然，其實他對我們有著極大的耐性。

導師：那取決於你自己的緊迫感，你自己的熱切程度。

若沒有生命元氣，自在天或神都會失去靈魂；若沒有神，生命元氣也就不會存在。當人把他的意識局限在身體和心智中時，他就被稱為「自我」（梵jiva）❸，否則他就會是絕對獨立於這兩者之外，完全不依賴它們，因為這兩者不過是表演和反應罷了！意識會把自己表達在各種形狀與形相之中，但其本身是「一」；無論外形顯現為一隻昆蟲、一頭野豬或一個大男人，其實都毫無差別。

若沒有生命能量，就沒有任何人能崇拜神。事實上，正是生命元氣（生命能量）正在崇拜神。若沒有神，就沒有生命元氣，那麼，也就沒有神的表達形式。若沒有生命能量，還有誰能稍稍地提及一下神呢？

當生命能量開始把意識當作神本身來追尋時，那麼，意識之光就會照進來，生命能量就能運用這意識之光來獲得自己一直渴望之物——與神合一。甚至當你把生命能量當作是神來追尋時，結果也是如此，因為運作法則就是生命能量，而意識僅僅只是見證過程。當生命能量的運作無有障礙時，那麼，你幾乎都覺察不到這個生命能量，因為它是如此地自由流動，你因此會自然而然地感覺健康、喜悅。但若是生命能量的流動受到阻礙，你就會感受到生命能量運作上的障礙，而感覺身體不適，心情也無法舒暢。

人們通常會被告知應該修練某種靈修法，其中還包括走訪名山大川以及參拜各式神廟等活動，但真正的運作法則才是生命能量。當你開始把生命能量看作神時，意識是不可能離開生命能量的。所以，意識和生命能量是同一法則當中交織且密不可分的兩個組成部分。但意識只是見證法則或該法則中的靜態部分，而動態部分或運作法則部分則是生命能量。一旦你把生命能量當作神本身，並且深信無有任何其他神的存在，那麼，你就把生命能量提升到了一個崇高的地位，它就能和意識一起讓你理解整個（由兩者所構成的）法則的運作。但若是你把生命法則降級成與身體的自我認同，那麼，這個生命法則就無法達到那種高度，無法將它自己解放出來。所以，這個結果全然取決於你自己。如果我把此生命法則等同於自己的身體，那麼，我就只能是活出身體層面的生命法則；如果我把生命能量提升到神的層級，並把它當成是神一般地尊重，那麼，生命法則就會盡情的展現，讓我領悟靈性的真知。

先前我曾問過，什麼是「心智」？心智不過是生命能量通過語言而外流的形式。心智是如何工作的？心智被限制在它所處的環境中，因此，它無法擺脫具心智者個人賦予它的特殊模式。所以，心智的運作因人而異，各個不同。而關於這個生命元氣，你們曾被告知要向某某神祇祈禱。但當你如是祈禱之時，你心裡究竟在想什麼？不過是一些言詞和指稱而已，且統統指派給了那個神祇。但你卻執著於言詞，忘記法則。然而，若無生命能量和意識，言詞根本就不會出現。因此，與其將自己認同於言詞，而向那些被指派來表徵生命能量的言詞祈禱，不如直接向生命能量本身祈禱將更為有效。

先前我曾引用過一副馬拉地語中的對句，說的是每個人都有一個伴侶，時刻不離左右，那個伴侶就是意識。你是否能想像自己某一刻無有意識？所以，意識是我們的朋友，一天二十四小時陪伴在我們身邊。所以，向那個不變的伴侶祈禱吧！不用再去求那些想像出來的、概念性的神祇了。

就我的情況而言，生命能量已經工作得不那麼順暢了，所以藥物還能有什麼用呢？藥物的功效，充其量不過是幫助生命能量工作得更順暢一些罷了。現在，讓我們回到那個老對句，它說我的這位伴侶——朋友、哲人與嚮導——在我生命中的每一刻，執我之手，不棄不離，而它其實就是生命能量。除了神以外，還可能有其他什麼樣的伴侶？儘管寫下這個對句的人可能腦海中想像的是某個概念化的神。但請你為自己好好想想吧，誰才是這個神？誰才是你生命中的那位和你分秒不離的忠實伴侶？除了這個生命能量和意識之外，還可能有誰？

人們會向神祇祈禱，當他們如此做時，他們真正的祈禱對象是誰？不過是些由物質所構成的偶像罷了，它們或許是金像、銀像或其他材料。但你是否有見過誰曾向某個代表生命能量的偶像祈禱？大家都把這個肉身（器具）看得很重要，醫生和任何人都會說：「這個身體真是奇蹟。」但是這個身體無論有多美好、多純淨，它能如同生命能量那般純淨嗎？如果你跟這個生命能量交朋友，換句話說，假如你不把自己認同為身體，而將自己認同為生命能量，那麼，你還需要任何的外力之助嗎？也就是說，你還需要向生命能量之外的力量求助嗎？還有什麼比這個生命能量更重要的呢？如果讓你在生命能量和任何事物之間做選擇，你會不選擇生命能量而選擇其他的嗎？

求道者：嗯，這個選擇本身無論如何都有賴於生命能量的臨在。

導師：那正是我想說的。這就是為何你的恆常伴侶是生命能量的原因，離開生命能量，任何事都不可能發生。當生命能量和意識接觸時，這個組合將會呈現出最高的神的狀態。也就是說，如果某人不再把自己認同於身體，轉而認同於此生命能量，他還可能向外尋求其他的力量源泉嗎？是否有人告訴過人們應當朝著這個方向努力？生命能量加意識，這兩者的組合呈現出無盡的形相，其目的是為了一頭鑽入某個具體形相當中，還是為了承載整個顯相世界，為一切眾生負責？換句話說，並不是我擁有生命能量，而是生命能量擁有這個形相，同時它還擁有萬千形相。是否有人曾積功累德，只為禮拜取悅於此生命能量？其實要向這個生命能量祈禱，你根本無須任何東西。④但是無論是有意為之或無心插柳，這個原則通常都被當作秘密守護了起來，不為追求靈性的人們所知曉。

過去這四十多年，我一直都在關注每個個人。但我現在已經沒有時間，也沒有力氣和精力再跟這些特殊性的個體打交道。我只會談一個總括，而人們聽見我說的話，自然可以從中淘金。若是有人不喜歡我說的話，他可以離開。

求道者：我感覺若是我們聽進您所講述具有普遍性的話，那麼，那些個人的小問題就會自己化解。

導師：前面我曾問過是否有這樣的選擇，例如，一個丈夫可以選擇他的妻子而不選生命能量；或者一位妻子可以選擇她的丈夫而不選生命能量？我們迄今為止，一直在使用「向生命能量祈禱」這個表達方式。所以，我想問的是，是否有任何人可以不依靠這把生命能量的「老虎鉗」為伴而活（我故意使用「老虎鉗」一詞）？生命能量就如給閹牛或馬套上的配軛（我是依此而使用「老虎鉗」這個詞的），若無生命能量的參與，是否有任何人可以做任何事？如果我下定決心要去往某處，但我的生命能量卻無法正常地展開工作，所以我就生病了，那麼，即便我的決心堅定無匹，但我實際上能去到某處嗎？所以，究竟而言，哪怕我正想像自己在做某事或正在採取某些行動，但其實卻是那無所不包的生命能量正在驅使我，或者阻止我去做某事。

人們花費了數百萬盧比，就為了塑造純金的神像，或者用其他最昂貴的材料來塑像。但我若無這個生命能量，那麼，無論這偶像是純金或泥塑的，對我而言有區別嗎？甚至，對我而言還有任何偶像存在嗎？只要生命能量還在那裡，無論它工作環境的好壞，無論它表現出來的是否健康，這個身體總還是活著的。然而，一旦生命能量離開，這人就會死去。所以，一切都仰賴於此生命能量。

你們想要提問嗎？誰才是提問的合適人選？提問的合適人選是那個和生命能量和意識交朋友的人，他已經領悟到生命能量的重要性，深深地愛上生命能量，且把生命能量當作是自己，而不再把身體當成自己。一個人若是內心有了這種愛，不再把自己認同為一具身體，那麼他就已經戰勝了一切，也只有這樣的人才適合提問。與生命能量的結合就是對生命能量之愛，就是與此生命能量常相依；也就是說，與生命能量的結合就是愛。生命能量、愛和意識其實都是同一回事，本質上都是相同的。無論如何，你還是可以利用你的身體在世間工作，只要你心裡明白它是什麼即可。這具身體只是一個可用的器具，而你並不是一具身體。你是那永恆不變的、超越時空的法則，是你賦予了這具身體的一切感知。這就是靈性知識之內最秘密、最簡單的法則了。

我給你舉個具體的例子。若是某人了悟該項法則，已然與生命能量合一，那麼，當這個生命能量準備離開身體時，他會做何反應？顯然地，他會無比地喜悅，那是他一生中最狂喜的一刻。為什麼？因為顯現的現在準備變成非顯現的了。

④這是指哪怕你兩手空空，依然可以請求生命能量的祝福。

求道者：剛才說的是智者在臨終時將會發生的事。然而，對於智者而言，這種狂喜不應當只是限定於臨終時才發生，應該是他依然活著時就有的吧？

導師：要達到這一點非常地困難，因為和肉身的一絲絲認同依然存在；若是要捨棄這一絲絲的認同，可真是不容易！

語言在任何特定的時間點上都只是交流的工具而已。時間、空間和顯相世界裡的一切，它們的存在不全是仰賴那同樣的法則嗎？只有當生命能量在場之時，顯相方才可能發生；也只有在那時，我們才可能形成對於顯相世界的感官知覺。若是生命能量不在，就這特定的個體而言，就無所謂的顯相世界，也無所謂的地球、愛情，無有任何事物。我們小心翼翼積攢起來的那一堆概念，過一段時間之後，就全都毫無用處了。人們以各式名稱所稱呼景仰的那個神，正是這個生命能量的有意識的臨在，它本身並不具任何形相。我們必須不斷地向自己重複「我不是一具身體，我是生命能量和意識，那才是我的本性」。為了了知自己的真實本性，你無須做任何練習；因為它就在那裡，它是你的內在真相，是你與生俱來的天賦產業。只有當這個意識發生在我身上以後，我才會覺知到各式各樣的需求、願望和野心、幸福與不幸、痛苦與無痛苦。每樣東西都是在意識顯現之後才出現的；在意識出現之前，無有一物。

這位先生說他來此就是要尋求我所說的那個東西。當然，誰會到我這裡來找其他的東西呢？自我認同（即與身體的認同）是如此地根深柢固，所以我會懷疑自己說的這些話真的對你們會產生任何效用嗎？當然，我也不會責備你們。世間的知識無有止盡，但那些都是傳統的知識，全都指向這個世界。因為多年以來的不斷地搜尋積累世間知識，人們忘記了所有這些知識的根基——那個人們可以憑藉而尋獲任何世間知識的法則。

若是一個人在世間旅遊，那麼他當然得具備各項知識，好讓他的旅程愉快且成功。但若是某個人並非旅行者，而只是見證旅行的人，那他又何須那些知識呢？這個肉身只是被創造出來保護生命能量的，但人們卻把它當成是自己，那就是整個的難題。世間的知識只對旅行者有益，若是有任何出世間知識的話，那它必然是關於某人的真實本性的知識。若想從理論到實證，達至那份靈性真知——了悟「我是梵」，那麼，前提就是要堅守那個相對容易得多的練習，就是要跟這個生命能量本身作朋友。當你對自己說「我是生命能量」時，你的進步就會快很多。

摔倒、發生意外，身體會受損，肢體會殘缺，人會死去，但這一切都無損於生命能量，它根本不受這些的影響。那個創世之靈，關注著世間的變化發展，卻不會為之而憂慮，因為世間總會提供無數的形相，以供生命能量展開工作。所以，當其中的一些被撞壞時，造物主是不會為此而擔心的。〔笑聲〕

求道者：調息法（梵pranayama）❺跟這個與生命能量作朋友是同一回事嗎？

導師：「調息」是達此目標的一個手段。若是一位導師的兒子把別人所說的話看得比

❺調息法（梵pranayama）：意識控制的呼吸；專注於呼吸。

自己父親說的話更重要，那麼他就不是一個好兒子。你來到我這裡，是否會有損於你自己導師的地位和重要性呢？

求道者：馬哈拉吉會為此而生氣嗎？

口譯者：他不會生氣，只是澄清事情。如果某位學生覺得神比他的導師更重要，那麼再次地，他就不是一個好學生，不是一個合適的求道者。

求道者：是誰覺知到這份死亡的恐懼？

求道者：思想。

導師：「思想」是什麼？誰瞭解「思想」的進程？

求道者：「思想」就是心智。

導師：誰瞭解心智？在心智之前是什麼？

求道者：我不知道，但肯定得有某個事物，因為是它在把持著「思想」。

導師：是的，所以我才會問你，那是什麼？你何時必須承認有某物存在？你知道有某物存在，但你不知其為何物。但在你能說出有某物存在，或有任何事物存在之前，必須是你先找到自己的存在感，你必須先有自我存在的意識才行。所以，抓住這一點不放——抓住這個帶給你存在感的意識。放下你對身體的認同，讓自己的念頭專注於真我，專注於這個為你的身體帶來感知力的意識。

求道者：您的意思是說我們既非身體，也非心智？

導師：是誰聽見你說你不是一具身體？你說你不是這具身體，那麼，是誰聽見這句話並理解它？

求道者：是我聽見這句話，但尚未理解。

導師：你說「我聽見了」，但這個「我」究竟是誰？是誰聽見這些話？

求道者：這裡，我就坐在這裡呢！

導師：現在你坐在這裡，你知道你正坐在這裡；那麼，是誰或何種法則知道並理解你正坐在這裡？我們不必懷疑那已經確認過的事實。答案就是和你身體認同的「小我」，但我想要超越你的「小我」，走到「小我」形成之前的狀態中。

求道者：我要如何才能不跟身體和心智認同？

導師：因為某個法則，所以你知道自己存在；因為某個法則，所以你看見這具身體和世界；而一旦離開這個法則，你就不可能再看見這具身體和身外的世界；那麼，這個法則到底是什麼？

求道者：但我現在正在知道而且看見呢！

導師：我不會侮辱你的導師，因為這是一個基本的問題。這個問題的答案必然來自於你的導師。把這個問題帶給他吧！

求道者：答案必須來自於導師……或者說，答案必須源於我的真我？

導師：導師告訴你的話與從你的真我中流出的話是相同的，你正在向內追尋的那個事物就是你的導師。

求道者：那就意味著導師和我自己就是「存在」本身嗎？

導師：你的困難在於你把身體當成自己，也把你導師的身體當成導師。

求道者：那取決於我的眼睛，我只能看到外面的這些。

導師：在你認出並理解那個讓你能看見世界的法則之前，你如何可能理解任何事物？這是同樣的一個基本問題。如果我告訴你答案，那就意味著對你導師的侮辱，所以我並不打算這麼做。

求道者：您是從您的導師那裡接收到的答案嗎？

導師：如果你問我，我的母親有過丈夫嗎？那麼，對於這個問題，我還有必要回答嗎？你怎麼認為呢？〔笑聲〕你若老是問這樣的問題，並一心想要找到答案，其實並不能帶給你任何的真知。

你所擁有的裝備就是那個生命能量。梵語「upasana」意為「崇拜」（worship）❻，崇拜生命能量。為了這樣做，你配置什麼裝備？你的裝備就是生命能量本身。伴隨著生命能量的就是「我在」的真知（或意識）。無論你做什麼，你都可以運用這兩項工具。此外無他。

求道者：我所理解的是，我們通過關注意識的方式來榮耀並崇拜生命能量。

導師：那是可以的，那就是道路。「我」的意識或「我在」的真知就是那「偉大的神」、自在天法則。而生命能量就是那「偉大的力量」或「偉大的能量」，就是離開它就不會有意識存在的運動法則。於是那個「我在」的真知或意識是你最迫切需要的、最夢寐以求之物。每個人都想要維繫它；於是，各式努力紛至沓來。「我」的意識是第一要

❻梵語「upasana」又意為「冥想」（meditation）。

務，伴隨而來的，則是你的各種需求，你會想要其他的一堆事物。但是第一件必需品是那個意識本身——對自己的愛（self-love）。只要你一天不明白自己究竟是什麼，你就會煩惱不斷，並將無可避免地掙扎求生，努力求存；這些煩惱和努力全是自動出現的。然而，一旦你開始了悟你究竟是什麼時，你就再也無須任何的努力，你的一切煩惱都會煙消雲散。

在初期階段，會有對自己的愛，但那份愛是無形的。在後期階段，甚至連那份對自己的愛都會消失。當它消失之後，見證就會發生。我在描述的是我的狀態，它就如一根中空的棍棒或中空的管子，再無有任何對自己的愛，對於「存在」之愛也已然消散無蹤；然而，「存在」仍在，而且各式活動發生。就如梵天（梵Brahma）❼、毘濕奴或自在天，我自身是無有任何姿態或立場的，因為無有一物可支撐它們。

人們來到這裡，其中有些人無法理解我說的話；他們會跟我爭辯或吵架，跟我做鬥爭。對於他們，我說：「好吧！你是對的，你不用再來了，因為你無法理解我。而不理解的根源在於你對這具身體的認同，你無法不把自己認同為一具身體。」人們會跟我說話，他們跟我說話的前提是某些事情發生在他們身上——某些概念生起，語言開始隨順流淌。所以，無論某個人提出什麼問題，全都取決於那個當下有什麼事發生在他身上。那人會把自己認同為一具身體，他對「自己就是一具身體」深信不疑，然後站在身體的立場上提問。但是當我對你說話時，我應該把你看成是一具身體嗎？這怎麼可能呢？所以，提問者可以是不同的膚色和形態，然後答問者卻既無膚色亦無形態。於是他倆怎麼可能一致呢？問題和答覆永遠都是自說自話，毫不相關。

❼梵天（梵Brahma）：神；造物主。

第十章 「絕對」無法被憶起，因為它無法被忘記

一九八〇年七月十三、十四日

導師：對於那些把自己認同為身體的人而言，這個真知毫無意義——真知無法對他產生效用。儘管如此，人們來這裡也不是完全徒勞無功；他們在此的努力，將來的某一天會開花結果的。他們來這裡的效用，就如春雨之後的迴響——小草和植物將會自動發芽，從土裡冒出來。

口譯者：許多人來這裡參加馬哈拉吉的最後一次「得福」（梵darshan；blessing）①，因為在他們的有生之年裡，至少已面見馬哈拉吉一次。他們並非為真知而來，所以他也說過：「只要我還有形可見，你就能來瞧上一眼。」

求道者：但卻是那個我們所看不見的才重要啊！〔笑聲〕

①得福（梵darshan；blessing）：因見智者一面而沾光得福。

導師：當有人提問時，他不知道我在對誰談話，他認為我是在對自己說話。當問題呈現時，答案也會自動浮現。只要「我」的意識的根源被了悟，答案就會自動自發地出現。我正在體驗著世界，但對此我需要作任何的努力嗎？我的真實狀態——「絕對」的狀態——無法被憶起，因為它無法被忘記。所以，無須憶起，也無須努力，對此世間的體驗就這樣發生了。

你記得你「出生」的知識，也就是說，有人成功地向你出售了一大堆資訊，告訴你說你被生出來，從此這個記憶就一直死死地粘著你。起初，你並無這個關於「出生」的記憶，但是你的母親、父母或其他的人把這個記憶順著你的喉嚨灌了進去。然後，這個記憶還不斷地被強化，就如一根釘子，被不時地敲打，釘入牆面。結果對你而言，這個記憶就變得栩栩如生、牢不可破；最終，這個概念令你窒息而害死了你。

當「存在」缺席時，當你不知道自己存在時，那麼這個世界連同「梵喜」，對你而言都毫無意義，它們的意義都是在你知道自己的存在之後才興起的。事實上，在你知道自己存在之前，任何事物對你都毫無意義。這個「我在」的記憶既不是真實的，也不是虛假的；它沒有所謂的真假屬性。那個對於「存在」的記憶只是看似存在罷了！

若無關於身體的知識，若你不知自己的身體存在，也不知其他的身體存在，你並不會感覺更好受一些。換句話說，只有當你把自己認同於這具身體，也把別人認同於他們的身體時，你才能自娛自樂一番；否則你若是把自己和他人都認同於真知，❷那麼，你的自娛自樂就結束了。也就是說，只有與身體認同，你才能遊戲人間，打發時間，否則你如何打發時間呢？

求道者：您說把每樣事物都看成是真知，是什麼意思呢？

導師：就是當你不再把世界看作是一堆名稱和形相、身體與事物的集合體時，真正的理解是超越形色之上的。所以，就我而言，不存在所謂的對自己的愛，也沒有任何對「存在」的愛。你可以相信或不相信這一點——若要有「存在」，就必須有「不存在」。

求道者：我能接受這一點。

導師：我正在問你的是，若無身體，如何打發時間？對於聖人而言，那個存於身體之先的法則是無時間性的。那麼，他如何打發時間？當身體不在時（即當意識不在時），其間流逝了多少時光，你卻對「存在」一無所知？那是一個無時間的狀態。只有當你開始見證時，才會有時間。時間和意識是同時出現的，若離開意識，就沒有時間，因為意識就是時間。而在身體出現之前，意識也不存在。

求道者：那麼，那時到底存在什麼呢？

導師：不，我的問題是如何打發時間？我並未問你說的這個問題。

有時你想要提問，卻不知該問什麼；你並未提出正確的問題，那唯一合適的問題。問題就如條件反射，就如一隻貓，如你所知，牠會用嘴去觸碰媽媽的乳房。

❷馬哈拉吉反覆強調他的觀點，「人」若是不再認同身體，就只是意識或「真知」（對於存在的真知），或純粹地了知。

求道者：我們稱之為「觸擊」（bunting）❸。

導師：那麼，什麼是對宗教的認知？你如何理解這個問題？

求道者：時間暫停（time-suspension）。

導師：你那永恆、真實的狀態就是你的宗教——真實本相（梵svarupa），「svarupa」的意思就是「你自己的真實狀態」。安住於「你自己的真實狀態」中，即是「你自己的宗教」（梵svadharma）❹。其他關於宗教的種種說法都只是別人的，而不是你的。對於一個本無形相的人而言，他要如何行動，方能與他的宗教相應？「svadharma」的意思就是「安住於存在中」。

在這個人世間，我們會把某個實體奉為神。這個神會有任何的行動嗎？他是否有任何的傳統——任何的規矩和準則？

求道者：我覺得這些規矩和準則都是人類的概念產物。在我看來，宗教唯一的好處就是，對於那些明顯無意於真理的最高教導，例如對於您的教導不感興趣的人們而言，宗教的那些大眾道德規範，確實能夠讓人們的行為朝著相對有序的方向前進。這樣一來，社會的凝聚力會相對增強一些，這要好過人人為己、各爭私利。當然，在一般情況下，人們就是如此。我覺得，從理想狀態而言，宗教會為我們打造出一個比較穩固的平臺，方便我們真正地聽見您的教導。除此之外，我就不知道了……

導師：若想找到永恆的平靜，你必須安住於真我之中，了知這個「我在」的一觸究竟如何發生。其他的任何知識，都無助於你與此永恆的平靜連結。

求道者：顯然，組織一個宗教與永恆無關。

導師：當你為自己而聽這些談話時，你會有所受益嗎？

求道者：這取決於你所謂的「自己」究竟意指何物。

好吧！如果自己意為「小我」，那麼答案就是「否」，因為「小我」正是我們要化解、忘掉的。對於真我而言，它什麼都不需要，它無可增益。所以，如何可能有任何利益於它的問題？

導師：但你還是喜歡聽這些談話，儘管它並不會帶給你任何利益，對吧？

求道者：那就是用絕對的術語在說了。我在此聆聽，是因為我感覺到自己需要學習很多，我們都想要達到您目前所處的狀態。所以，從那個意義上來說，您的談話對我們很有好處。

---

❸「觸擊」（bunting）就是一隻小羊找奶喝時，把臉埋到母羊乳房的動作。

❹梵語「svadharma」也指一個人的本性和責任。

導師：我在試圖告訴你的是：放下所有的這些垃圾，無論你以宗教之名或靈性之名學到什麼，都放下它們吧！你只需要明白一件事——那個神聖的法則就在那裡，那個「我在之感」或意識就是最神聖不過的法則。它存在於那裡的時間，與生命元氣（生命能量）存在於那裡的時間等長。生命元氣有五個面向，並被稱為「五種生命能量」（梵panchaprana）❺，它是一切活動背後的推動力。只有當這五個面向的生命能量在場時，才可能出現「存在」的屬性，後者被稱作為「三德」。這份當下的「存在」就是你的本性——你只是「存在」。所以，崇拜那個法則吧！「我在之感」的一觸（或意識）的那份屬性，就如甘蔗裡的甜味。

甘蔗在那裡，其內的纖維物質也在那裡，汁液在那裡，最終則是甜味。同樣地，在我們的案例中，最終之物就是那份屬性或「存在」之一觸，就是自在天法則。你就是那個，安住於其中並只崇拜它一個。然後，你才可能到達並安住於永恆的平靜中；除此以外，別無他途，你不必指望通過討論任何的靈性戒律或格言來達到它。

某人生了個孩子，那嬰兒被抱到母親懷裡。不幸的是，生命元氣已經離開那具嬰兒的身體，嬰兒死了，他的屍體也被處理掉。那麼，問題就是：「究竟是什麼離開身體？」答案是「生命元氣」。假設生命元氣還在那裡，那麼，「我在之感」的一觸就會發生在這嬰兒身上，於是他會有意識。然後，父母會愛撫那具身體，愛撫那活生生的小嬰兒。但隨著生命元氣的離開，生命也就離開，「存在」也隨之消失，於是就只剩下一具屍體。

哪裡有生命元氣，哪裡就有「我在」的認知。若是生命元氣離開，「我在」的認知也會相應離場。好好地利用你的這份天賦資源——你的生命能量和「我在」的認知；它倆總是攜手相伴。現在，好好地開發利用它，用到極致吧！世間的一切活動之所以能夠展開，皆是仰賴於「我在」的認知和那份推動力（即生命能量）這兩者所賜。而那並不是與你無關之物；你就是它，你只是它。好好地學這個，鑽研這個，要心無旁騖。

「Praneshwar」意為「生命元氣之神」，這份生命元氣（或生命能量）加上那份認知——「存在」的屬性，兩者統合在一起就是「我自己」（myself）。幸運的是，你同時擁有這兩個面向。你就是它，你只是它。因此，安住於它，只崇拜它。

〔停了一會兒之後〕現在，「觸擊」一詞對你有何新意？〔笑聲〕

〔對一個新來訪者說話，這位新來訪者已經修練帕坦伽利瑜伽（Patanjali Yoga）二十年了。〕

在你過去二十年對於瑜伽的學習中，你找到什麼身分和自我形相？你的真實本性是什麼？你是否有觸碰到自己的真實本性？你如何謀生？

❺梵語「prana」（音譯為「普拉那」）意指「氣」（breath），也就是原始能量或生命元氣，是一種五合一的存在形式。「正如一位帝王，任用官員鎮守四方，所以普拉那也與四種其他的生命元氣通力合作，這四種生命元氣全都是普拉那的一部分，卻分別被賦予了不同的功能。」（《六問奧義書》）其餘的四種生命元氣分別為：下行氣（apana）、平行氣（samana）、遍行氣（vyana）和上行氣（udana）。生命元氣是諸如呼吸、食物的消化吸收、排泄和生殖等生理功能當中的核心能量構成。

求道者：室內裝飾、傢俱設計。

導師：通過二十年瑜伽、帕坦伽利、《瑜伽經》的學習，你是否有達成你修行之始的心願？

求道者：我這二十年來，一直在享受著永恆的幸福，一天二十四小時無間斷的幸福。

導師：那你到這裡來做什麼呢？

求道者：只是為了聽一聽……〔錄音帶聲音聽不清〕……想要告訴你我的體驗。

導師：你提到的那些名詞，我也聽說過；我並未對它們展開深入的學習，它們對我而言只不過是些名詞而已。

你來這裡，可能是因為你聽說這裡有一位智者。但我告訴你，我對於那些古代文獻一無所知，我什麼都不知道。我知道的唯一一件事就是這個意識——這個「存在」，這個「我在」的真知。我知道它是怎麼來的、為何而來以及如何而來，我知道這份意識的價值，那就是全部了。

我的出發點是這樣的一個事實：我並不知道出生，不知自己如何得到這具身體和意識。我很驚訝於這具身體和意識是如何在我不知情且未經我許可的情況下，就突然地來到我身上。所以，我所有的思想和知識，都出發自那裡，所有的探尋都是從那個點來的。但是對我而言，帕坦伽利、調息法和昆達里尼都只是些名詞而已，我從未練過任何類似的東西。

求道者：我也覺得沒有必要練習。這個帕坦伽利的體系我也試過，從一九七三年至一九七六年間，我一直在學習帕坦伽利，完全是獨自一人，沒有書本和其他任何東西的幫助。我只是試著保持精神的高度專注，因為那時我感覺非常地糟糕，身心俱疲，所以，一心只想要平靜，勝過其他任何事物，那就是我的練習了。為了達至精神的高度專注，我克服了一系列的困難……我跑去閉關，待在一間小屋子裡，然後在那裡坐了一個半月。

導師：我應該對你的歷史感興趣嗎？那不關任何人的事。

你既然已經學習二十年，達到那麼高的水準，你完全沒必要到這裡來。

求道者：我可能會來一、兩次或三次——那就是全部了，頂多三次，就足夠了。

導師：每個人在這裡都是平等的，我們不關心你已經學到的那些知識。

求道者：這是我的存在。

口譯者：馬哈拉吉是在為自己代言。那天，你可能還記得，馬哈拉吉談到他那原初探尋的決心。那時他的結論是，無論他學到什麼知識，都是無知；然後他便得到最終的滿足與平靜。一個人若是理解能力強的話，他到這裡來待上很短的一段時間，例如十至十五分鐘，他自己就能夠得出「一切知識皆是無知」的結論，而人格只是個假相。但你卻並未接受馬哈拉吉的結論，你不承認一切知識皆是無知。所以，他才讓你多做冥想，自行了悟：「我是如何產生第一個意識——存在的認知？我並未要求它，但是它突然地、自動地、自發地、不知不覺地就出現了。這究竟是怎麼一回事？」你需要解開這個謎團！

求道者：它本來就在那裡，所以它才會出現。

導師：當所有的四部《吠陀經》最終都得出結論說，它是超越它們力所能及的，那麼你的語言能夠達到什麼呢？

求道者：言語不能及……無有言語可觸及此物。那麼當言語停歇時，剩下的狀態是什麼呢？

導師：如果你認為自己是個智者，那你就是在浪費自己的時間；只有那些自認為無知識的人才應該來這裡，但像你這種自認為有知識的人，來這裡就毫無用處，只是在浪費自己的時間而已。

求道者：不，我不覺得自己有知識。

導師：你來這裡毫無用處，你在浪費自己的時間！

求道者：我沒有那樣想過。如果有人覺得它是一個問題的話……我不認為……

口譯者：拜託……我們來這裡是想聽馬哈拉吉的講話，我們無意於做出任何不相干的評論。因此，無論他說什麼，都會被翻譯出來……如果你對那個有疑問的話……

導師：來到這裡的人發生了什麼？他們來這裡是因為感覺自己無知，而想要擁有知識。所以當他們聆聽時，增加了知識，但他們最終會把這些知識都放下，因為它們皆不是必要的。但那些自認為是智者且已掌握真知的人，他們來這裡就全然是浪費時間了。如果你是智者，而你又來這裡的話……沒有任何智者會來這裡。任何人若來這裡，就相當於是在自動聲明「我不是智者」。所以，智者是不可能跑來這裡的，只有那些尚在找尋真知的人才會到這裡來。

我的真知範圍如何？沒人會這樣問：「孟買，你來自哪裡？請告訴我關於你所來之處的細節。」同樣地，孟買也不會問任何人：「你來自哪裡？你經歷過些什麼？」這就是我的真知範圍。「不二論」意味著純一元，在其中，如何能有「二」？怎麼可能有一人問另一人？

口譯者：馬哈拉吉說他看問題的角度不再是從現象（客體）出發，而是從本體出發。但人們來到這裡，從那個意義上來說是屬於現象。因此，為了和我們打交道，他被迫從現象的角度來觀看與說話，否則對他自己而言，他純然與本體合一。所以，無論現象界發生什麼，都不會影響到他。

人們會打電話來邀請他，他也對此表示感激，但他說：「有什麼用呢？我沒有相應的設備來享受人們的熱情，無論他們給我什麼，我都無福消受。那些設備已經停止運作。普通人熱烈歡迎的事物我卻接受不了，因為那些東西對我產生不了任何效用，我並無任何工具和設備來享受它們。但這種狀態我無法用語言向你們解釋或描述，或者本來就不應該向任何人描述或解釋。所有世間的智慧與活動都被導向獲取世間的喜樂，人們看見什麼，就會對什麼感興趣。」

導師：有一個對句寫的是：「那些熱中於世間樂事的人，出世間的智慧怎麼可能接近他們？」一個人可能會閱讀一些宗教方面的書籍，並為之著迷，但那是出於什麼目的？閱讀這些宗教書籍帶給他滿足，讓他感覺自己彷彿做了一件很有價值的事，在靈性事物方面已盡到責任。這並沒有什麼錯，但你是否有做過任何的努力去了悟自己的真實本性？通過五種感官所感知到的一切，都只和世俗的娛樂有關。感官覺知只可能娛樂你的五種感官，而無法給你第六種（超越五感之上的）愉悅。

一個人若未了悟五種元素和五種感官的本質，那麼，他肯定會讓自己受到牽絆，並且會一直受牽絆。但他若是看穿它們的本質和運作方式，就會自動地超然其上，與它們保持距離。我再重複一遍：在「我在」的認知來到我身上之前，究竟存在著一種什麼狀態？當「我在」的認知來到時，這人若是對那感覺滿意的話，他就會達到某種狀態，他會自立為神，以為自己就是「梵」。但他卻未超越它或先於它。

先天狀態（prior state）就存於究竟狀態中；也就是說，「我在」的認知尚未降臨的狀態——那是最高的、最好的、原初的狀態。我們可以把五種元素和「三德」觀想成有著小小花瓣的帶葉蓮花，你若是除去它的花瓣，那麼剩下的是什麼？在馬拉地語中，「kamala」意為「蓮花」，這個單詞的後兩個音節「mala」意為「不淨」。那麼當你將不淨剝除之後，剩下的是什麼？若沒有不淨，你如何能看到純淨？在純粹的純淨中，你將一無所見，既看不見純淨，也看不見其他任何事物。只有通過不淨，你才能感知到純淨……然後，才能在純淨的布幕背景上看見純淨與不淨。所以，這又是一個對於解脫者的進一步描述。

當每樣東西都被放下，再無一物能為他創造出執著，既無知識也無世間娛樂時，這人就已處於解脫的狀態。他彷彿就是成為原初狀態的王者，他再也不會執著於出生之物，甚至不再執著於意識。當一切種類的不純淨全都被清除，每樣東西都消失無蹤時，你才可能到達原初狀態。

意識無法脫離身體而存在，而身體則是生殖的產物。所以，究竟而言，難道意識本身不就是建立在不淨的基礎上嗎？

前面我問過，如果任何人來到這裡，卻自詡為智者，我們就會問他：「你今年多大年紀？」他肯定會說出某某歲數。那麼，這個計數本身不就是建立在不淨的基礎之上嗎？或是起始於那個不淨的顯相發生的日子？一個人若是還帶著他身體年齡的概念，就不可能是個智者。

下面再舉一個不執著的例子。我的一位近親兼同事最近剛去世，那個被眾人認定已死去的人（格）對我還有任何用處嗎？我對他還有任何用處嗎？他對他自己還有任何用處嗎？人們所謂的「死亡」，究竟發生了什麼？想一想到底發生什麼並因而不再執著於他。這是一個真知的例證，也就是說，那個離世遠去之人，或無論離去的那個是什麼，它是否還會記得我？那麼，我繼續記掛著他，我繼續記掛著那個離去之物，又有什麼意義呢？在無知的領域內，無有任何一物可以被用來與那原初狀態的完整性和一體性作比較，與那個「存在」作比較。我再重複一遍：只是想像那個狀態。

求道者：無法想像啊！無論我們怎樣想像它，都不過是自貶身價罷了！

導師：它仍然只是一個概念。

口譯者：馬哈拉吉在要求鮑先生展現他過人的語言天賦，用言語來解釋那無可解釋之境。〔笑聲〕

導師：關於醫生說我患上的這種疾病，非常明顯地，它所降臨的物件純粹只是現象界裡的一個客體罷了；疾病只可能降臨在現象界的客體身上。這個特定的疾病來這裡究竟是要做什麼？它是為何目的而來，否則它何苦來哉？任何有名有形的出生之物，皆會有死，無論是否有這個疾病，這是唯一可能發生的事。所以，這個疾病本身獲得什麼成就呢？

你可能會從不同人的身上看到截然不同的反應，有人可能會目瞪口呆，意志消沉，滿心恐懼；另一人卻可能把疾病看作是最終狂喜即將來臨的象徵——這份狂喜會有助於移除那被稱為「出生」的沉重負擔。那麼，我們還有什麼理由不為此疾病的到來而由衷喜悅？疾病的確診其實只完成一件事——真知被全然地了悟，卻始終保持在背景狀態，而顯相客體則處於前景狀態；現在，有了這個疾病的確診，現象客體已經快要消失無蹤，剩下的就只有那麼一點點的意識，而且這殘留的意識也快要離開了。

誰會為此可怕的疾病而受苦？或什麼會為之而受苦？疾病的結果是什麼？它的結果就是，那個頂著「出生」名號的有形之物將會被抹去，那就是即將發生的一切。在一般情況下，恐懼是一種什麼樣的過程？任何恐怖事件，如果你向它屈服，恐懼就會抓住你，將你層層捆縛。但若是你不接受它——你不把那個事件看成是可怕之物，如果你敢於直接面對它，那麼，那個導致恐懼的事件就會跟你保持一段距離。

我的教導非常地簡單，只需要弄清楚兩件事，一件是我可以看見的那個自己，它受制於時間，從一個特定的點移向另一個特定的點。而在越過最後的那個點之後，曾經可感知的將會變得不可感知。另外一件事就是，我的原初狀態是不可感知的，而它依然在那裡。所以，你只需要瞭解這兩種狀態即可，無須做其他任何事。

現在我有一個問題：「通過順勢療法，你能瞭解生命能量嗎？」

求道者：不！我無法瞭解生命能量。我們能治療病患的整個假設前提是，順勢療法本身無法治療病患，我的經驗每天都在為此假設提供實證。我相信我們所做的只是通過刺激生命能量來讓它更好地展開工作，或是把發生在它身上的事重新導向，做出一些小小的改變，就如催化劑在化學反應中所做的那般，於是就能療癒了，除此之外別無他法。

導師：如果你並不瞭解生命能量，你如何能讓它發生改變呢？

求道者：嗯，我們可以觀察它，通過儀器來進行觀察，我們一直都是這樣做的。所以，我們相信自己已經取得長足的進步，在傳統的順勢療法開具藥方方面已經推陳出新，傳統的方法命中率不太高，而且要花費較長的時間才能找到有效的藥方。但當您問我是否瞭解生命能量時，我感覺生命能量在我體內的工作方式依然尚未凝練，我只能描述出那麼多了。所以，我對它的運作方式尚未有那種熟悉的、深刻的洞見。

導師：你無法清晰地了知意識的屬性或種類。

求道者：儀器永遠都無法告訴我們這些。

導師：在印度斯坦語（Hundustani）音樂中，有著各式各樣的拉格（梵raga）⑥；音樂專家能辨認出這些拉格之間的不同，並進行相應的教導。同樣地，意識當中的改變——意識的種類或屬性，能否被檢測和闡釋？

求道者：不！我不相信它們能被檢測和闡釋；只有身體方面的改變才可以。

導師：身體方面的物質改變，你能夠檢測出來，但意識方面的就不行。

求道者：相對於身體而言，僅僅只限於一個比較精微的能量層面，但無法更進一步了。我相信我們可以通過有意識的體驗來把握它，但無法通過儀器進行測量。我們唯一能看到它的時刻，就是人們不作回應，任由沮喪的情緒在體內堆積的時刻。你知道，你會對患者的內在情形產生一種直覺性的理解，但你卻無法直接測量它。你只是觀察到他們缺少回應，但同時知道他們的內在累積有大量的緊張和壓力。

導師：無論物質身體當中發生什麼變化，意識會受到相應的影響，情緒也是如此。

求道者：我相信是這樣的。

導師：通過讀書，你無法得到永恆的滿足。所以，你必須嘗試去了知這顆真知種子，了知它的本質屬性。只有如此，你才能獲得永恆的平靜、無盡的滿足。然而，一旦你理解，那麼無論（隨後）發生什麼都不再有任何的意義，因為去經驗所發生之一切的那個體驗者已不存在。

求道者：是什麼事物不再具意義？

導師：那份滿足或永恆的平靜，就不再具任何意義了，因為不再有體驗者，那就是我的狀態。意識是這個物質身體的產物，所以當你超越它時，它對於那個究竟的法則而言，就變得毫無用處了。我把了悟究竟者稱為「成就者」（梵siddha）❼，在這究竟的狀態裡，所有「信徒」和「神」、「梵」和「幻相」等概念全部消失，再也沒有受益人或體驗者，因為他不再具有「我在」的概念。他不知道「我在」，在那種狀態下，他

⑥印度教的一些傳統曲調。

❼成就者（梵siddha）：達至最高究竟者；圓滿俱足、具神通者。

並不知道自己存在；「知道」本身被完全抹去。體驗的狀態正是在「知道」的協助之下，才開始運作的。但「知道」本身就是這個客體世界的產物，是「食物—身體」這個客體物質的產物。通過它，「純淨」、「不二」、極微的意識得到理解，然後它就墜入幻相的領域。究竟而言，它其實根本就不存在，因此，所有成對的類別，例如信徒和神、「梵」和幻相等整個二元性的世界，都不曾真正存在過。這份對於「存在」之愛會顯現於一切有情眾生之中——眾生皆愛「存在」，眾生皆愛自我。但是這份對於「存在」之愛，其根源在何處？它的根源藏在極微的意識當中。只有明白這一點，你才能超越它。

人們談到我的一位親戚兼信徒，最近剛剛去世的H先生。H先生代表著某種振動，人們將之命名為「H」。所以，當H先生去世時，對於那份振動究竟發生了什麼？那份振動曾將自己顯現為H先生這個實體，如今這個實體所內涵的法則消失了。人們試圖解釋這個現象，他們會說H先生去了天堂，或他還會成為化身等等。那麼，究竟什麼東西該為化身負責呢？肯定得有某物來負責，不是嗎？否則那個振動是如何發生的呢？那個振動本身就是生命能量，但我們卻把這個生命能量認同成為了某個人。

「我在」的認知就是那原初的概念，其他的概念皆是從中生出。只要「我在」的概念存在，其他的概念就不會消停。所以，無論何種宗教，都充斥著一堆概念。有人偏愛某個概念，把它傳給自己的信徒，於是他就有了一個擁護者。但是靠著這些概念，他們無法獲得永恆的平靜與滿足。為了獲得永恆的滿足，你必須找到這個原初概念「我在」的根源。一旦你找到根源，就能超越它，然後就不用對世界說任何話了，因為這個世界想要的只是些細枝末節的修飾改善，他們想要的是活動。所以，你還是揣著真知保持沉默吧！因為你無法把它給推銷出去，沒有人會來買單的。

脈動意味著運動；運動意味著氣，生命元氣。當它在身體之外時，我們稱之為「氣」；當它在身體之內時，我們稱之為「生命能量」。如果一個人知道了脈動之前的存在狀態，他就已然超凡成聖。人們來到我身邊，我只會告訴他們可以專注於冥想梵天、克里希那或其他種種聖名。但是更有效的方法，是好好地關注「我在」的認知，專注於冥想它，心無旁騖。真知只可能由真知來把握，如此你就能孕育真知的種子，通過冥想的過程，讓種子生根發芽，成長為參天大樹，向你揭曉一切的真理。

你無須詢問別人什麼是什麼，因為你擁有這兩個實體——生命能量和「我在」的認知（意識）。它們的出現無須你的努力，它們就在那裡。現在，為了讓你與自在天合一，為了讓你了悟非二元，你必須崇拜這個生命能量。於是那個真知，它目前還處於種子形態，就開始緩慢地生長起來。然後，真知就會流入求道者的心房，將它盈滿，然後他就能超越，證入究竟之境。

求道者：何謂「真知圓滿」（full of knowledge）？

導師：當你對自己的真我充滿信心，當你強烈且直接地安住於真我之中時，就是「真知圓滿」。

第十一章　理解你自己的化身

一九八〇年七月十四、十五日

導師：當下你知道自己存在，你現在待在「存在」的種子裡，儘管最終這個「存在」本身都會被超越。萬事萬物都含藏在那顆種子裡，就如同整棵橡樹都含藏在那粒橡實之中一般；同樣地，天地萬物都含藏在那顆意識的種子裡，全世界都在那裡，那具身體也在那裡。

「我在」本身就是全世界，全世界都在「我在」之內，你必須對此深信不疑才行。就如在夢裡，人會感覺自己是清醒的，但其實是睡著的，而你感覺如此真實的世界不過是個夢境而已。同樣地，清醒狀態下的真知本身就含藏那整個所謂的真實世界；你若是想要覺醒，就必須對此深信不疑。真相是，夜晚夢中的意識跟白天清醒狀態下的意識之間，儘管貌似截然不同，但其實並無任何不同，所有的意識都是同一個意識。

是你的意識誕生出整個世界，整個世界其實是個統一場域，純粹一元。但有人會對此提出質疑，因為世界呈現出無限的形狀和色彩。那麼，我們如何能說實相是「不二」的呢？那是因為所有的這些不同，都是以表相的形態存於你的意識之中，根源是那同一個意識，但顯相形式卻千差萬別！

只有當你到達「超梵」之境，你才會確信世界從未真正存在過。如果你真的對此深信不疑，那麼你就成為「超梵」。除此以外，你還會發現這個「我在」的新消息——對於你的存在的認知是從何時生起的。去到它的源頭，把它找出來，這才是唯一的成就之路。除此之外，無論你是向別人請教，向所謂的「專家」學習，追隨在大師的左右，或是與他們爭辯，都只會讓你不知所往，也不知所終。因此，只有你自己才能找到關於你的真我的真理。

「無論我去哪裡，跟隨我吧！」當我這樣說時，我指稱的是生命能量（生命元氣）。跟生命元氣作朋友吧！於是你將遇見神，生命元氣會將你引向神。心智只是一個見證者，生命元氣才是你真正的朋友，因為是它在做著所有的事。清醒、睡覺、消化食物，所有這些活動全是由生命能量在背後運作，「阿特曼」只是個見證者而已。所以，好好地重視這個生命能量，崇拜它吧！你才能知曉神的真義。無論你做何種冥想，都必須跟這個生命能量作朋友才行；它就在你身邊，唾手可及，無須你任何的努力。

因為有了生命能量，所以才有了心智；因為有了心智，所以才有了《吠陀經》。所以究竟而言，生命能量才是整部《吠陀經》的作者，這就是為何我會十分崇敬生命能量的原因。若無生命能量，你的價值又在哪裡？你的身體會崩潰瓦解。只有當生命能量在場時，你才能知道這個世界，世界對你才有價值，神對你才有意義。只有當生命能量在場時，你才可能知道世界和神。有誰知道生命元氣的偉大？生命元氣本身就是神——「生命元氣之神」。

心智和生命能量之間的關係是，心智是生命能量的語言。若無生命能量，心智也就不復存在。心智就是生命能量的話語。所以，若無生命能量，心智從何處來？生命能量和意識（即「我在」的認知，或「存在」和心智）總是相伴而生，同時出現的。

一般人都無緣得見關於生命能量的真知，那可不是什麼寫在書上的東西。所以，這個資訊對你而言可能是全新的。

現在你已經聽我講課兩、三次了，有什麼成效了嗎？

求道者：我知道您說的是真理。而且我還要求您為我指一條路。所以您說，在初始階段，靈修會有所幫助，卻非長久之計，更重要的是決心。所以，我現在在作練習，對我來說這是非常困難的練習，帶著您的祝福，我終有一天會成功的。

導師：你只有得到果實，才會進行靈修。最終，你會得到果實，而那果實早就在你掌中了。在此之前，你會作一些練習。在通常情況下，你靈修的目的是為了什麼？你的努力是為了什麼？你進行某種靈修，肯定是為了取得某種結果。你會告訴自己，這就是我想要的。所以，任何種類的靈修，都暗含了某種目的；無論練習哪一種，你都是帶著某種目標在練習。

現在，那個靈修的主體是誰或是什麼？究竟是誰在靈修？這個靈修的主體無相也無形。所以它在哪裡呢？它在這個形相、這具身體裡，它是其內在的法則。那它又會練習多久呢？它作練習的目的是什麼呢？它的目的只是為了安住於真我。在此之前它都只好一直靈修。一旦它進入真我的領域，那麼客體、靈修者以及靈修的過程，就全都合為一體了。

求道者：靈修者跟靈修法合一了。

導師：你看，當你訂「目標」（梵sankalpa）[1]時，它意味著什麼？目標、需求，那就是「目標」的整個目的。

求道者：您用的「sankalpa」一詞是什麼意思？

導師：「sankalpa」的意思即是「目標」（objective）。

求道者：強烈的渴望和決心。

導師：「sankalpa」的實際意義是「你表達」（you express）。靈修的目標是什麼？我想要「這個」。例如，你想要一個醫學學位，這就是你的「目標」。然後，你就去實習、上大學、寫作業，這就是你的「靈修」。

求道者：我今天訂的一個「目標」，就是要來見您，然後我走路過來，爬上樓梯，那就是我的靈修。

導師：「目標」（例如「我想去見他」）無有形相或形狀，它就是你的「目標」和「表達」。而那個做出「目標」的主體也無形相，那麼，你需要多長時間的練習呢？只要你還把自己認同於形相，你就必須練習；當你不再把自己認同為形相時，你就無須練習了。一旦你實現那個「目標」——你不再是身體和心智，不再是身體形相，練習就結束了。

你深信《薄伽梵歌》，難道不是如此嗎？《薄伽梵歌》是什麼？《薄伽梵歌》是上主克里希那所吟唱的詩歌。他在唱這首詩歌，就如同我現在給你吟唱這些話語。這就是他的《薄伽梵歌》，你現在面對的就是《薄伽梵歌》。你朗讀它、背誦它、記住它，但重要的是，你必須知道那個吟唱《薄伽梵歌》的上主克里希那。你必須擁有他的真知，你必須知道他究竟是什麼。上主克里希那不就是一個化身嗎？他成為「化身」而降臨人間。簡而言之，從虛無之中，生出一個形相；那就是所謂的「道成肉身（descending into form），那就是「化身」。對於一個普通的靈魂，你通常會說這個人從虛無中出現，你會說他「出生」了；但若是遇到這些偉大人物——偉大的聖人，你會稱之為「化身」。

你正在學習《薄伽梵歌》，這是很好的。但是上主克里希那呢？那位吟唱《薄伽梵歌》的聖者是什麼樣的呢？他是什麼樣的呢？你是否有通過瞭解他來照顧過他？

你現在通過「虔誠」來瞭解他……這就意味著你正在創造某些概念，這樣可不行，他是從虛無中生起的。這事是如何發生的呢？是什麼降臨於此世間？

你必須理解它是這個化身——（靈性）降入化身，進入某個形體。「存在」（化身）的出現究竟是怎麼回事？這才是你需要學習並了悟的。成為化身之前，無論那個

❶目標（梵sankalpa）：意圖；想像。

人格是什麼，它對自己都一無所知。當它降臨進入這個化身之後，它開始呈現自己，在那之前，它對自己並無任何的認知。

求道者：在化身之前，難道它不是「梵」、「超梵」嗎？

導師：在降臨進入這具化身之前，這個認知屬性尚未成型，尚無認知。「我在」本身缺席，尚不可用。它是一個不知的狀態。但是後來，這個狀態沾染上所有的名相、概念與稱謂，而這些東西全是人的鎖鏈。

假設有某個在逃嫌犯，政府想將他追捕歸案。那麼，政府是如何追捕他呢？是通過他的名字鎖鏈。如果他沒有那些鎖鏈，他可能會被抓住嗎？在你的真我的核心深處無有任何強加的名相和稱謂；但是，於外在的表相層面，你接受了它們。因此，那個內在的核心，無有名字的內在核心，你如何可能抓得住它呢？

每個人都被什麼東西捆縛著？他帶著怎樣的鎖鏈？那鎖鏈不過是個名字而已。

每個活在身體裡的人，都帶著那個「我在」的認知，一生都帶著名相的鎖鏈行於世間。若是他沒有名字，他就無法行動。在那個內在的核心，那份「了知」和「我在」本無鎖鏈。一旦你了悟「我在」只是純然「我在」，它無有形相，並非那個帶著鎖鏈的身體形相，你就無須任何的解脫了。只要安住於那份「存在」中，安住於那份無形亦無名的「存在」中，你就已經解脫了。

我真正想說的是後面這些話，你是克里希那和《薄伽梵歌》的信徒，但你是否已經擁有上主克里希那的真知？你知道很多關於他的生平事蹟，你知道他的出生日期等等；所有那些東西你都熟記於心。但你真正需要瞭解的是這個化身本身，是在這個賦予肉體形相的過程發生之後，也就是肉身形成之後，那個「我在」的認知才在他的心中點亮起來。然後他就知道他存在，但在那之前，他不知道自己存在。

一切眾生、所有的人都被拉到法庭上，而我正在介紹這位上主克里希那，他是今天的主要被告，他代表所有的人。所以，我在講關於他的事。這個化身究竟是什麼？他代表全人類。

求道者：如果他是上主克里希那，那麼，在他進入這具化身之前是什麼？

導師：那時他（或它）是一種平靜的狀態，無有這五種元素的遊戲，無有這五種元素的參與。

求道者：我們在死後會怎樣呢？

口譯者：馬哈拉吉在告訴你的這些話全是關於真我——「阿特曼」。當他用「atman」（阿特曼）這個詞時，意思不是說「我」（I），不是那個個體性的或人格化的「我」。他有時會說「我們」，在一般情況下，他會用「apan」❷這個術語，意思是「不被『身體—心智』所局限」，有點像是「我們」（we）。

求道者：我就是「那」？

---

❷梵語「apan」也意指不被「身體—心智」所限；下行的生命元氣；呼氣。

導師：不，不是「那」。「我」，那個核心——無有名稱與形相的核心，我談的是這個。你問我它是否適用於你，而我說的話適用於「阿特曼」。

所謂理解何為「化身」——上主克里希那化身，這意思是說從本質上你必須只安住於那當中。那麼，你就不再是一具身體。身體是什麼？身體只是一個工具，幫助維繫「我在」的法則，使其能在此人間存在得久一些。為了迎接化身（即意識）的到來，這個作為輔助性工具的身體法則或身體的器具、容器，就必須先準備好。於是，一旦它被了悟——當你只安住於意識當中時，那麼，這個東西就會得到淨化，並到達「梵」的狀態。

現在讓我們來看看下面這個例子。你搜集來各式各樣的植物，你開始烹煮這（植物）精華的一堆混合物。最終，它開始凝聚固化，形成某種形相——蔬菜。現在，這個蔬菜的味道就有如「我在之感」的味道，這全是蔬菜物質，是一切植物的精華。在它的基礎上，這個身體得以形成，而身體也不過只是食物而已。而這個食物則維繫了「我在之感」的味道。

求道者：是誰開始在混合，是誰開始在烹煮？是某種力量還是某位夏克提（性力女神）？

導師：是誰製造出這些花朵？是哪種未知的力量？那個創造者就是上主克里希那法則。

在具肉體形相之後，就得到克里希那的形相。而那個克里希那的名字，那個特定的人格就開始活動，運行於世。但在這個化身的形成過程中，有什麼形相嗎？或有什麼仲介嗎？有什麼輔助的工具嗎？

求道者：那不正是我想要知道的嗎？

導師：現在你正在探尋你自己的形相和認知——那個「你在」的意識，你想知道它究竟是如何來的？形相在出生之前就有了嗎？那時它可用嗎？不！只是因為有了克里希那的父母——婆蘇提婆（梵Vasudeva）和提婆吉（梵Devaki），克里希那才能降臨於此人世間。

所以，形成那個化身的器具是婆蘇提婆和提婆吉。同樣地，你也有自己的父母作為你的器具。

如果這一雙器具（婆蘇提婆和提婆吉）當中的任何一個無法使用，上主克里希那都無法來到這個世界。

現在，你是否有理解父母是你具肉體形相的工具？一旦你解開這個初始之謎，你就能解開世間的一切謎題。你是否能全然地確信這一點？

帶著不同味道的五種原料被混合在一起。經由混合，一個新產品被創造出來，並有著它自己的味道。同樣地，從五種元素的互動遊戲中，最終它的高潮會到來，那就是這個身體形相以及「我在之感」的味道，這是非常重要的一步。這個「我在之感」是客觀世界的產物，是五種元素互動遊戲的產物，從瓦那斯帕提（梵vanaspati：植物界）產生瓦恰斯帕提（梵vachaspati：動物界）。前者意為植物——有機物，從中產生身體，從身體的精華中產生瓦恰斯帕提，而從瓦恰斯帕提產生「我在」的認知，我稱之為哈斯帕提（梵brhaspati）❸。

我再重複一遍，瓦那斯帕提的產物是植物性物質，但它的精華是什麼？它的精

❸哈斯帕提（梵brhaspati）：字義為「莊嚴偉大之主」；眾神之師；人類。

華就是瓦恰斯帕提，也就是言語和音聲。言語和音聲其精華是什麼？那就是哈斯帕提——最具智慧的意識顯現。只有人類能達到最高程度的哈斯帕提，其他的動物都不行，牠們並無那種能力，所以也無那種機會。

那已然完全理解化身進程的人，將會完整地走過這整個歷程，他會研習所有的器具，學完所有的一切。在這個過程中，他逃脫或超越一切（器具），任何的器具都再也觸碰不到他，他已從萬事萬物中解脫。

那個「我的味道」代表我的父母，我就是我父母的精華特質。父母的汁液或分泌物融合在一起，我就是那混合物的味道。你理解上主克里希那的化身是如何發生的了嗎？我有點懷疑你是否弄清楚了？

求道者：清楚了。

導師：上主克里希那的化身過程與此無二無別。當父母的精華耗光或用完了，那麼，按照一般的說法就是，他（這個後代）死了，然後「我在之感」的味道也隨之消失。現在，你能夠知曉上主克里希那了嗎？

求道者：我會努力。

導師：對於「認為自己應當嘗試、應當努力」這樣的觀點，我完全不予理會，它其實是個非常有害的觀念。你只需要理解整個過程的核心意義就已足夠，那就是全部了。一旦你安住於其意義當中，哪裡還有什麼靈修的問題？

求道者：如果進化論是真的，那麼，為何那些原初的靈魂會生於如此不利的地位，讓它們不得不一世又一世持續地改進？

導師：你看，這就是我通常會提出的反問。如果你的下一世真的是由你上一世（過去）的行為所決定的話，那麼，你的第一世又是怎樣的呢？我不相信轉世，然而，我也不願意對它展開過多的討論。但如果有人堅持說印度教聖典裡講過「化身」，那麼，我會說：「是的，印度教聖典裡是這麼說的。」我不願意就此展開更多的討論，因為那只會增加你的概念。

現在，當下此刻，我想要你明白什麼是什麼。

你死亡以後，「我在」的認知就會消失，所以哪裡還有什麼個體性遺留下來？哪裡還會有任何關於「重生」的問題？事實是，無物出生。世界根本就不存在，世界好像出現，但它其實並不存在。所以，你現在談論下一世，但其實根本就沒有「出生」這一回事；即便是現在都沒有任何的「出生」。理解克里希那！克里希那或所有的化身全都只是些偶發事件，來來去去，而你並不受其影響。所以，誰是那個需要證悟之人？沒有任何的實體需要證悟，根本就沒有所謂的「證悟」！身體死後，剩下的就是「絕對真知」——絕對狀態。儘管現在我這具身體還在，但我卻安住於「絕對真知」狀態中。世界來來去去，而我則是原初的存有。

只是探尋你的真我，當你這一世的出生都被否定而不存在了，哪裡還有什麼「轉世」的問題？別操心這個世界，只需要好好地操心你的真我，操心自己的出生就行了。「化身」等的這些概念全是講給無知者聽的，一旦你解決上主克里希那和你自己的化身問題，一切就都結束了。

你已經學習很多年，一直活躍在靈修圈子裡，但是誰在做這一切？沒有人教給你這個問題的答案，你過去所作的種種靈修練習不過是一堆概念而已。但事實上，是誰在作這些研習？你還無法搞清楚這個問題。

為何你歷經挫折卻依然沒能證悟？因為你一直在試圖把自己認同為一具身體，不願放下這一認同。如果你實在放不下這份認同，不想把自己認同為其他的東西，那麼，請你至少把自己認同為生命能量吧！把自己認同為生命能量，讓自己以生命能量的方式存在。除了生命能量，你的身體裡還有什麼最重要的東西？沒有了，生命能量就是最重要的東西。

我再來好好為你講解什麼是「心智」。無論你通過五種感官接收到什麼印象，無論你看到、聽到、嘗到什麼等等，所有這些印象其實都在生命能量裡。它們終究是以語言的形式被收集到生命能量裡，語言就是心智。你從未聽見過的東西，你永遠也不會說，無論經由五種感官經驗、了知到什麼，全都被「攝像」並累積在生命能量裡，而生命能量的語言就是心智。

你通過生命能量來感知世界，當你感知世界時，會感知到五個維度或五個面向，就是你經由五個感官所觀察到的一切，然後你把它們儲存起來。因此，生命元氣是你最為重要的推動力，只要這個生命能量還在，那就意味著你還在。那個「我在之感」、意識或「存在」，以及生命能量，總是相伴而生（就如白糖和甜味）。

這個「存在」和生命能量到底是什麼？它倆構成了五種元素遊戲的精華。「我在之感」是它的一部分，也是它的果實。所以，別試著把它分裂開來，那至純的「我在之感」意味著一切（萬事萬物）。所以，當你擁抱身體時，當你形成那個「我在身體」的觀念時，你就是在將整體分裂開來，這是你犯的最大錯誤。無論你經驗到什麼，你會探索這份經驗，試著理解它，但是誰在為所有的這些經驗拍照攝像？是生命能量嗎？你是從哪裡把所有的這些東西包括進來的？

對於包括人類的所有的族群，這個生命能量本身就是神聖的，而且它還包括自在天和意識法則。現在你應該明白，你應當如何把注意力集中在生命元氣上，並冥想真我，這個奧秘需要你自己來探索。

生命能量會被名稱所限制或束縛，它把名稱當成「我在」，這是一個錯誤。那個不受名稱和形相所束縛的就是「大我」，而那個會受到身體、心智、名稱、形相束縛的就是「小我」。生命元氣的語言就是心智，而心智是一切行動背後的推動力。你在這方面有問題嗎？只是關於這個主題的問題？在這個點上是很難提問的。如果你能讓自己安住於生命能量中，把生命能量當成自己，你就成為「顯化」。❹當生命能量被身體限制時，你將它稱作「人格」（personality）。但實際上，生命元氣遍布寰宇，它是整體顯化，無處不在。

如果你穩定地安住於生命元氣當中，把生命元氣當成「我在」，那麼，生命能量

---

❹那就是整體顯化，超越了個體性顯化的狀態。

本身就會將你帶到那裡。生命元氣並未被限制在身體裡，所有的元素都被生命元氣所推動和操控。但因為它在身體裡，所以你把它稱為「生命元氣」。這個生命元氣本身就是生命能量，而真知就是它的屬性法則（qualitative principle），包含在生命能量之內。

你的學習基本上都是在研究你從別人那裡收集而來的資訊，這可真是遺憾。生命元氣不知死亡為何物，它內在含藏的那個屬性法則——「我在」，也根本不可能死亡。

求道者：如果我死時尚未悟到自己是這個法則，那麼會發生什麼呢？

導師：你會死去。在這份連結當中，請別使用那個詞「我」——那個排他的、個人化的「我」。別把它摻雜到你的話語中來，當你說「我」時，你就把自己個人化了，你成為一個個體的人。

求道者：這具身體……

導師：你所謂的「身體」是什麼意思？身體只是食物——意識的食物，是為那個「我在之感」的降臨所準備的食物。現在以這個化學物質為例，無論什麼東西固著在那小棍上〔他手裡拿著一根火柴〕，那都只是火焰的食物。只要這個化學物質還在，只要食物還在，火焰就能夠持續。看似你若是不和身體認同，就永遠不會滿意，那就換個角度，試著跟生命能量（生命元氣）認同吧！然後，我們再談。你是否有見過生命元氣像一具屍體般躺在那裡？

你現在所擁有的最重要的初始資本是什麼？就是這個生命能量，而不是其他的任何東西；只有當你擁有生命能量時，你才能通過感官來覺知世界。

通過崇拜那個生命能量，如果身體倒下（用一般的話來說，就是這個人死了），那麼，我真的會死嗎？你的那個「生命元氣之神」，它是否有任何一刻離開過你的身體？無論你去哪裡，它總是陪伴著你。誰才是你二十四小時的貼身保鏢？就是那個「生命元氣之神」——生命能量。若不是因為你和這個生命能量保持著連結，你可能會產生「我在之感」嗎？

求道者：在這一生，如果我死之前尚未證悟，那麼對於生命能量而言，會發生什麼呢？

導師：你正在指責生命元氣。身體會倒下，但對於你（生命能量）而言，會發生什麼呢？

求道者：我證悟或不證悟，應當還是有區別吧！

導師：有何區別嗎？重要嗎？從我的角度而言，那是我的責任。數百萬年以來，直到永恆，我從不知道「我在」。這有什麼重要的？在「絕對」狀態中，根本沒有那個「我在之感」。至於（這個世界上）發生過什麼，根本就不重要。

只是因為生命元氣與「我在之感」那一觸的交匯，產生出種種的喜樂悲苦。這一切苦樂背後的原因就是生命元氣與「我在之感」的交匯。而那個生命元氣本身會享福或受苦嗎？不會的，因為此處缺少「我在之感」。

你談論這些事，你只是假定自己是個智者。你的真知是什麼呢？每個人都很驕傲，認為自己「懂得很多」。你可以在此世間獲取任何的榮譽，達到崇高的地位，但對於死亡的恐懼卻永遠揮之不去。

這份我會死去的指控，它是強加在「我在之感」之上，還是強加在生命能量之上？遺憾的是，我們一直到死都緊抱著身體，把它當成自己，因此我們懼怕死亡。當生命能量在身體裡運作時，我們就感受到「我在之感」的那一觸。

現在我不打算再說了，除非你問點問題。

求道者：讓我先消化一下聽到的吧！

導師：這裡有一個簡單的事實，哪有什麼「消化我的談話」之類的問題？你就是生命能量，而生命能量是遍滿宇宙的，那就是全部。若是你能徹底如實地了知一物的真相，那就無所謂「需要再進一步確信」的問題了。

求道者：在我和我的覺悟之間究竟還有什麼會到來？當我了悟時，我就會對它有信心。

導師：甚至「之間」這個詞都暗含著「你是一具身體」的意味，那就是障礙。

求道者：所以，我必須練習忘記它。

導師：或者當下就觀想它。實際上，你並無必要試著去忘記你是一具身體。一旦你開始對自己說我是生命元氣，哪裡還有什麼「你需要試著忘記自己是一具身體」的問題呢？

讓我為你講得更清楚一點。這具身體只是食物，包含著骨頭和血肉。在此基礎之上，生命元氣得到維繫；或換句話說，生命元氣消耗著這些食物。而伴隨著生命元氣，「我在之感」的一觸就發生了，「存在」就出現了。

求道者：是的，早上您已經把此事講得很清楚了，非常令人信服。

導師：那麼，你是如何實踐我的話的呢？如果這些話真的進到你的心裡，如果你真的清晰無誤地理解，你怎麼可能提出上面的那些問題呢？

你是「大我」，你就是「梵」。如果這個結論聽起來太難理解，那麼請你至少試著讓自己成為生命元氣，只是成為這個遍滿宇宙之「氣」。

黃金本身是扭曲的嗎？但當你用黃金來打造飾品時，也就是當你給黃金一個名稱和形相時，它就開始扭曲變形。就如你給自己一個名字時，你也就開始扭曲變形一般。扭曲的黃金並不愚蠢，黃金就如你那無名亦無形的真我，但在黃金當中，當它被轉化成為飾品並被給予名字時，這個扭曲或愚蠢就發生了。

結語

一九八〇年七月十五日

導師：我的教導之總和與實質就是：千萬要誠實地對待你的生命元氣，只崇拜生命元氣，安住於其中，把它當成是自己。當你如是崇拜時，它就能把你領向任何地方，到達任何高度——這就是我所有教導的精華所在。

目前，你就把自己認同為生命元氣吧！然後你就會意識到，就如甘蔗裡的甜味那般，含藏在生命元氣中的「我在之感」的那一觸，會向你展開。所以，理解這些話，理解我給你的建議，好好地消化它。只要生命元氣還流經你，穩穩地安住於其中。只要生命元氣還在那裡，你就會在那裡，自在天也在那裡。

從未有任何人，以如此簡單的方式闡釋過這深奧的真知。

【附錄】

關於英文編者——羅伯特・鮑威爾

羅伯特・鮑威爾（Robert Powell）一九一八年生於荷蘭的阿姆斯特丹，他在倫敦大學（London University）取得博士學位後，最先成為一名工業化學家，但之後轉行擔任科學作家和編輯。他常往返於英、美兩國之間。

羅伯特・鮑威爾個人的靈性探索之旅始於一九六〇年代，了悟真我之路將他引向禪宗和數位靈性導師，包括吉杜・克里希那穆提（Jiddu Krishnamurti）和拉馬納・馬哈希（Ramana Maharshi）。當他靈性覺醒之時，他發現與尼薩加達塔・馬哈拉吉的偉大教導是相吻合的。他是尼薩加達塔三部曲的編者，同時也是幾本被他稱為「人類意識轉化」方面書籍的作者。鮑威爾現住於加利福尼亞州的拉荷亞市（La Jolla），和他的愛妻吉娜（Gina）一起過著繁忙而充實的生活。

◉ **羅伯特・鮑威爾（Robert Powell）的其他作品：**

《可知者非真，真者不可知》（*The Real Is Unknowable, The Knowable Is Unreal*）

《耶穌的禪意：耶穌基督的核心教導》（*Christian Zen: The Essential Teachings of Jesus Christ*）

《超越宗教》（*Beyond Religion*）

《發現超越表相的世界》（*Discovering the Realm Beyond Appearance*）

《無形之路》（*Path Without Form*）

《實相的對白》（*Dialogues on Reality*）

《生命：意義的精微藝術》（*Life: The Exquisite Art of Meaningfulness*）

◉**編輯出版：**

《空無的體驗》（*The Experience of Nothingness*）

《永恆的甘露》（*The Nectar of Immortality*）

國家圖書館出版品預行編目(CIP)資料
我在 I AM：最簡潔有效的開悟指引 / 室利．尼薩加達塔．馬哈拉吉(Sri Nisargadatta Maharaj)作；彭展譯. -- 初版. -- 臺北市：地平線文化, 漫遊者文化出版：大雁文化發行, 2016.05
264 面；17 X 22 公分
譯自：The ultimate medicine:dialogues with a realized master
ISBN 978-986-91927-6-7(平裝)

1.靈修

192.1 105003545

我在 I AM：最簡潔有效的開悟指引
The Ultimate Medicine: Dialogues with a Realized Master

作　　者　室利．尼薩加達塔．馬哈拉吉（Sri Nisargadatta Maharaj）
編輯整理　羅伯特．鮑威爾（Robert Powell）博士
譯　　者　彭展
封面設計　莊謹銘
特約編輯　釋見澈、曾惠君
美術構成　舞陽美術．張淑珍
校　　對　曾惠君、魏秋綢
行銷企劃　林芳如
行銷統籌　駱漢琦
業務發行　邱紹溢
業務統籌　郭其彬
責任編輯　溫芳蘭
總 編 輯　周本驥

漫遊者敬贈

出　　版　地平線文化 漫遊者文化事業股份有限公司
地　　址　台北市松山區復興北路三三一號四樓
電　　話　(02) 2715-2022
傳　　真　(02) 2715-2021
讀者服務信箱service@azothbooks.com
漫遊者臉書　www.facebook.com/azothbooks.read
劃撥帳號　50022001
戶　　名　漫遊者文化事業股份有限公司

發　　行　大雁文化事業股份有限公司
地　　址　台北市松山區復興北路三三三號十一樓之四

初版一刷　2016年5月
定　　價　台幣360元
I S B N　978-986-91927-6-7